职业生涯规划与发展研究

陈 超 著

中国原子能出版社

图书在版编目（CIP）数据

职业生涯规划与发展研究 / 陈超著. --北京：中国原子能出版社，2023.11

ISBN 978-7-5221-3100-9

Ⅰ. ①职…　Ⅱ. ①陈…　Ⅲ. ①职业选择–研究　Ⅳ. ①C913.2

中国国家版本馆 CIP 数据核字（2023）第 220965 号

职业生涯规划与发展研究

出版发行	中国原子能出版社（北京市海淀区阜成路 43 号　100048）
责任编辑	杨　青
责任校对	冯莲凤
责任印制	赵　明
印　　刷	北京天恒嘉业印刷有限公司
经　　销	全国新华书店
开　　本	787 mm×1092 mm　1/16
印　　张	14.75
字　　数	260 千字
版　　次	2023 年 11 月第 1 版　2023 年 11 月第 1 次印刷
书　　号	ISBN 978-7-5221-3100-9　　**定　价** 76.00 元

发行电话：**010-68452845**　　　　　　版权所有　侵权必究

前　言

　　目前，我国每年有数百万的应届大学生走出校园，步入社会，每一个大学生都将面临竞争激烈、就业难的严酷现实。如何有效解决大学生就业难这一社会问题？这不仅需要全社会的共同努力，更需要大学生自身树立正确的择业观念，提高就业能力。因此，加强对新时期大学生的就业指导就显得尤为迫切和重要。

　　近年来，职业生涯规划理念在我国得到了进一步发展，提供职业生涯辅导与咨询服务的机构日渐增多，开设职业生涯规划相关课程的高校也越来越多，从事职业生涯规划教学、研究、管理、服务的人员数量更是不断增加。实践工作的广泛开展离不开理论支持，笔者将近 20 年有关职业生涯规划的教学、研究经验加以梳理、整合，集结成书，以为我国职业生涯规划领域理论研究和实务工作提供借鉴和参考。

　　本书具有理论的系统性及实践的针对性，可供高校职业生涯规划与就业指导相关教学及研究人员参考阅读。由于作者水平有限，本书难免有疏漏之处，敬请专家、同行指正。

目　　录

第一章
职业生涯规划概述

第一节　职业生涯规划概述

职业生涯是人生发展过程中最重要的环节之一。对大学生而言，大学里有专业的知识技能、丰富的教学资源，有各种展现自己的机会，但如果在大学阶段缺乏职业规划，不清楚自己的目标，即使在校期间成绩优秀，也可能因为规划不合理影响职业的发展。

所以，大学生从步入大学校门开始，就要对自己的职业生涯进行规划，确定职业奋斗目标。

一、职业生涯规划的概念

一般而言，职业生涯规划是一个人尽其可能地规划未来生涯发展的历程，在考虑个人的智能、兴趣、价值观，以及阻力、助力的前提下，进行妥善的安排，并借此调整、摆正自己的位置，以期能适得其所。

职业生涯规划是一个人主动且有意识的行为，"尽可能地规划未来"的意义在于：所能做到的，全力以赴；诸多个人无法掌握的因素，则必须冷静面对。简单地说，职业生涯规划就是找到适合自己坚定前进的方向。

大学生职业生涯规划可定义为：大学生在大学阶段通过对自身和外部环境的了解，为自己确定职业方向和职业目标，选择职业道路，确定教育计划（特别是大学阶段的学习计划）、发展计划，为实现职业生涯目标而确定行动时间和行动方案。

二、职业生涯规划的起源与发展

职业指导是以 1908 年美国的帕森斯在波士顿设置职业咨询所为开端的。之后，作为职业指导的创立者，帕森斯于 1909 年撰写了《选择一个职业》一书。在这本书中，他系统地论述了有关职业咨询的理论与实践方法，并且在世界范围内第一次运用了"职业指导"这一专门的学术用语。此后，在帕森斯的理论和实践的影响下，职业指导开始在美国各地蔓延开来。在此后的一百多年里，职业指导的概念被不断发展和扩大。今天，这门有着百年发展史的学问正以崭新的姿态被广泛地传播和运用。

20 世纪 70 年代以后，一些资本主义国家先后陷入周期性经济危机，萧条的产业现状迫使当时为适应高速发展的经济而制定的教育政策随之修正。在一些资本主义国家的教育界，普通教育与职业教育的分流已成定局。但是，由于普通教育过于强调以教养主义为中心，偏离社会的倾向十分严重，美国联邦政府教育局在 20 世纪 70 年代初提出了在青年学生中推行生涯教育的教育改革构想。所谓生涯教育，也叫生计教育，就是将普通教育与职业教育一体化，让学生在接受学校一般知识教养教育的同时，为了毕业后能顺利地步入职业社会而进行综合性的职业生涯教育。生涯教育意味着职业指导不只是对青年学生提供就业指导与服务，还提倡一种新的教育方式，尤其强调对在校学生要抓紧实行社会实践体验的学习活动。美国学者海尔曾这样解释生涯教育：它是美国教育改革运动的一部分，是帮助个人获得选择、形成自己的职业模式，进而选择、形成自己的生活模式所必要的生活技术，以及自身与劳动的知识和态度的一个综合性的教育程序。美国联邦政府教育局的这一教育思想，很快引起一些经济发达国家职业指导工作者的重视，作为研究本国职业规划与生涯教育的参考资料。

百余年来，世界约半数的国家与地区普及了职业指导，并于 1951 年在联合国教科文组织的援助下，成立了职业指导世界性组织——国际教育与职业指导国际协会。此外，一些国家与地区还建立了区域性的学术组织，如亚洲区域职业指导研究会等。

三、职业生涯规划的类型

职业生涯规划按照时间维度进行划分，可分为短期规划、中期规划、长期规划和人生规划。短期规划是指两年以内的职业生涯规划，规划目的主要是确定近期目标，制订近期应完成的任务计划。中期规划是指 2～5 年的职业生涯规划，是最常用的一种职业生涯规划。长期规划是指 5～10 年的职业生涯规划，目的主要是设定较长远目标。人生规划是指对整个职业生涯的规划，时间跨度可达 40 年，其规划的目的是确定整个人生的发展目标。

结合大学生职业生涯规划的特点及一般职业生涯规划的时间维度划分方法，我们可以把大学生的职业生涯规划大致分成两种类型。

（一）远期规划

远期规划时间年限在五年以上，即一般分类中的长期规划和人生规划。

对职业生涯进行远期规划，能够使大学生明晰各个阶段的职业目标，保持整个职业生涯发展的连贯性和持续性，使总体目标更容易循序渐进地达成和实现，进而产生最大的职业动力。如果有条件的话，大学生应该进行这种远期的职业生涯规划，激励自己为达到各个阶段的目标而不懈努力。

不过，时间跨度较长的职业生涯规划要求对自我、对职业有比较充分的认识，同时对社会形势和客观环境有敏锐的观察力和超前的预测能力，需要花费较长的时间对职业目标和职业要求进行深入的调查、研究、论证，并制定比较切实可行的实施方略。同时，由于远期规划的时间跨度较长，实施过程中会受到个人和环境不断变化的影响，规划目标的实现难度非常大。大学生尚处于职业生涯的探索阶段，对社会、对职业的了解相对有限，因此远期规划的确定可先以简略的职业理想和职业目标为主，具体的远期规划要建立在近期规划的基础之上，根据职业发展的实际情况进行调整和修改。

（二）近期规划

近期规划是规划时间年限与大学生涯年限基本符合的大学生职业生涯规划，即职业生涯规划中的短期规划和中期规划，这种规划一般在五年以内。

大学时期正处于职业准备和选择阶段，职业生涯探索阶段的主要目的，就是通过选择、尝试与磨合，找到最合适自己的职业，大学生的职业生涯近期规划，就是大学生根据这个阶段的主要特点和任务要求，在确立总体目标之后，以实现就业为阶段目标，为自己的大学生涯制定相应的行动计划和实施方略。

近期规划的特点是主要以大学学制为阶段进行目标分解和策略实施，其最根本的目的是为了实现总体目标而在学业上做好准备、顺利毕业并进入目标职业领域。近期规划以就读期间的职业学习和职业准备为主要内容，规划期限基本以大学生涯的终止为结束。

对大学生而言，近期规划更具针对性，也更具可操作性。通过近期规划，大学生可以在认识自我、了解职业的基础上，从自身的条件和社会的需求出发，确定职业发展的方向，明确职业目标，制订大学期间的学习、培训、实践计划，不断地挑战自我、超越自我，为将来迈出校门、走向社会做好准备，为总体目标的实现打下良好的基础。由于规划的时间跨度不长，近期规划也比较易于评估与修正。近期规划能与大学阶段的学习和生活紧密联系，大学生在规划自己的职业生涯时应采用这种目的和策略明确可行的规划。

四、职业生涯的分期

在我国，有些研究者提出了适合我国国情的职业生涯的分期模式。一般认为，人的职业生涯可分为五个时期。

（一）职业准备期

一般从十五六岁开始直到面临就业时为止。职业准备期是在形成了较为明确的职业意向后，进行从事职业的心理、知识、技能的准备及等待就业机会的时期。每个择业者都有选择一份理想职业的愿望与要求，准备充分的就能够很快地找到自己理想的职业，顺利地进入职业角色。

（二）职业选择期

一般集中在十七八岁到三十岁左右。这是实际选择职业的时期，也是由潜在的劳动者变为现实劳动者的关键时期。人们在这一时期，根据社会需要、自身能力与愿望选择职业。职业选择不仅仅是个人挑选职业的过程，也是社会挑选劳动者的过程，只有个人与社会成功结合、相互认可，职业选择才会成功。

（三）职业适应期

择业者刚刚踏上工作岗位，存在一个适应过程，要完成从一个择业者到一个职业工作者的角色转换，要尽快适应新的角色及新的工作环境、工作方式、人际关系等。这个阶段是对人的职业能力进行实际检验的时期。在这一时期，有些人能在一两年内顺利适应某一种职业，有些人难以适应又重新选择。

（四）就业稳定期

这一时期，个人的职业活动能力处于最旺盛时期，是创造业绩、成就事业的黄金时期。这一时期占据人的职业生活的绝大部分，是人的劳动效果最好的时期。当然，职业稳定是相对的，在科学技术发展迅速、人才流动加快的当代，就业单位与职业岗位发生变化是很正常的。

（五）职业结束期

由于年龄或身体原因，这一时期劳动者逐渐减弱职业活动能力与职业兴趣，结束职业生涯。

五、职业生涯规划的特性

（一）可行性

规划要有事实依据，目标不能是美好的幻想或不切实际的空想，而应是经过努力能够实现的，否则将会延误职业生涯良机。

（二）适时性

规划是预测未来的行动，确定将来的目标，因此各项主要活动何时实施、何时完成，都应有时间和时序上的妥善安排，以作为检查行动的依据。

（三）适应性

规划未来的职业生涯目标，牵涉多种可变因素，因此规划应有弹性，以增强其适应性。

（四）连续性

规划要考虑到生涯发展的整个历程，人生每个发展阶段应能持续连贯衔接。

（五）清晰性

保证目标与措施的明确和清晰，可以按计划具体实施以达到目标。

（六）长远性

规划应该从大方向着眼，尽可能确定远期目标。

（七）挑战性

如果目标在原地踏步不前，则失去了原本的意义，也无法激励自己前进。因此，目标应是"跳一跳能够得着"的，富有一定的挑战性。

（八）动态性

职业生涯规划不是一成不变的，而是一个动态变化的过程。内外部环境的变迁、个人条件的变化，都会对职业生涯规划产生影响，职业生涯规划需要根据环境和条件的变化不断地进行评估和调整。

第二节　职业生涯规划的基本理论

职业生涯理论起源于 20 世纪初的西方国家，是社会为适应经济发展、职业分化、技术进步，以及解决经济周期波动后的失业问题带来的一系列社会矛盾做出努力的产物。通过众多西方社会学家、心理学家和职业指导专家近百年的潜心研究与不断发展，先后产生多种重要的理论。帕森斯的特质因素理论和霍兰德的类型论是最早的职业辅导理论，金斯伯格、格林豪斯和舒伯的职业生涯发展理论、职业锚理论也从不同角度解析了职业规划的体系，给出了职业规划的方法。

一、职业选择理论

（一）帕森斯特质因素理论

特质因素理论是最早的职业辅导理论。1909 年，被誉为"职业辅导之父"的帕森斯教授在其著作《选择一个职业》中指出：选择职业时，首先，必须了解个人能力、态度、兴趣、局限等；其次，要了解各行各业达到成功的条件、优缺点、酬劳、机会及未来展望等；最后，要以个人和职业的互相配合作为职业选择的最终目标。

特质因素论指出，每个人都具有稳定的特质，包括个人的价值取向、态度和行为表现等特有的思想和行为模式；同时职业也具有稳定的因素，客观工作要求人必须具备一定的知识结构、能力等条件。帕森斯的"职业指导的三大原则"强调：在选择职业的过程中，首先必须对自我有清醒的认知，认识个人所具有的主、客观条件，如价值观、兴趣、能力倾向、资源、局限及其他特征；除此之外，还应当清楚了解各职业岗位取得成功所需具备的条件和资格、技能要求，以及职业岗位的工作环境、发展前景等；在了解并掌握以上两类信息的基础上，将具有的主、客观条件与职业所需技能相对照，从而选择出与自己相匹配的职业。

特质因素论重在强调个人所具有的特性与职业所需的素质与技能之间的协调和匹配，根据此理论可把职业选择分为以下三个步骤。

首先是对人员进行初步的分析，评价个体的生理和心理特征；其次分析职业对人的要求，并向求职者提供有关的职业信息；最后是入职匹配。入职匹配又可分为因素匹配和特性匹配，因素匹配是指需要专门技术和专业知识的职业与掌握该种技能和专业知识的择业者相匹配；而特性匹配是指具有不同人格特征的人宜于从事不同类型的职业。个人在了解自己的特点和职业要求的基础上，借助职业指导者的帮助，选择一项既适合自己特点又有可能得到并取得成功的职业。

一方面，帕森斯的特质因素论建立在科学理性和逻辑推理上，在实际辅导中，借助心理测量工具，对咨询者进行指导，有较强的可操作性。职业决策中进行职业匹配的思想，注重职业因素的重要性，强调个人必须对职业有正确的态度与认识，才能进一步做出正确的职业选择。该理论是职业指导最基本的理论，对当今许多职业指导工作仍具有重要的指导意义。

另一方面，特质因素将个人与工作进行匹配，是假定个人特质与工作特性是固定不变的。而事实上，这两者都是不断发展变化的，同时特定的社会因素对职业选择有一定程度的影响。因此，个人的态度以及对突发事件的处理能力不能通过静态的测量反映出来。另外，注重心理测试工具的使用，这一点也可能造成很大的误差，因为心理测试工具不可能保证绝对的效度。此外，它过于理性地强调适配，却忽略了个人情感在决策中的影响作用。

（二）霍兰德职业人格类型理论

霍兰德的人格类型理论提出了一个重要的职业辅导理念，即把个人特质与适合这种特质的工作联合起来。其职业辅导更倾向于对自我能力、兴趣、价值以及工作世界的探索。相比于帕森斯的特质因素论，霍兰德注重提供和个人兴趣相近且内容互有关联的一群职业，而不是冒险地去建议个人选择一种特殊的职业或工作。霍兰德巧妙地拉近了个人与工作世界的距离，使得当事人能迅速且有所依据地在一个特定的职业群里进行探索。

霍兰德认为：大多数人可以被归纳为六种人格类型，即现实型、研究型、艺术型、社会型、企业型、常规型。工作环境也可以划分为相应的六种基本类型，即同一职业团体内的人有相似的人格，他们对很多情境与问题会有相类似的反应方式，从而产生类似的人际环境，人们一般都倾向于与其个性类型相一致的职业类型，以求充分施展个人的技术与能力，体现个人价值，个人的行为由人格与环境的交互作用决定。

二、职业生涯发展理论

（一）金斯伯格的职业生涯发展阶段理论

美国著名职业指导专家金斯伯格，对青少年职业选择的过程及遇到的问题做了深入的研究，提出了职业发展包括幻想阶段、尝试阶段、现实阶段三个发展阶段，他认为职业在个人生活中是一个连续、长期的发展过程。

（1）幻想期：处于11岁之前的儿童时期。儿童们对大千世界，特别是对于他们所看到或接触到的各类职业工作者，充满了好奇。此时期职业需求的特点是：单纯凭自己的兴趣爱好，不考虑自身的条件、能力水平和社会需要与机遇，完全处于幻想之中。

（2）尝试期：11～17岁，这是由少年儿童向青年过渡的时期。此时人们的生理和心理在迅速成长、发育和变化，有独立的意识，价值观念开始形成，知识和能力显著增长和增强，初步懂得社会生活和并具有一定的生活经验。在职业需求上呈现出的特点是：有职业兴趣，并能客观地审视自身各方面的条件和能力；开始注意职业角色的社会地位、社会意义及社会对该职业的需要程度。但此时，由于长期处于学校学习，人们对社会、职业的理解还不全面，对职业主要考虑的还是个人的兴趣，具有理想主义色彩。

（3）现实期：17岁以后的青年阶段。即将步入社会劳动，能够客观地把自己的职业愿望或要求同自己的主观条件、能力及社会现实的职业需要协调起来，寻找适合自己的职业角色。此时期所希求的职业不再模糊不清，已经有具体的、现实的职业目标，表现出的最大特点是客观性、现实性、讲求实际。

金斯伯格把职业生涯的尝试期和现实期两个阶段又分成若干个子阶段。尝试期阶段分为兴趣阶段、能力阶段、价值观阶段和综合阶段四个子阶段。

（1）兴趣子阶段：开始注意并培养自己对某些职业的兴趣，期盼着将来从事某些职业。

（2）能力子阶段：不仅考虑个人的兴趣，同时也注意到个人能力与职业的关系，注重衡量自己的能力，并积极参加各种相关的职业活动，以检验自己的能力。

（3）价值观子阶段：个人的职业价值观逐步形成，能兼顾个人与社会的需要，以职业的价值性选择职业。

（4）综合子阶段：将上述三个阶段的职业相关资料综合考虑，以正确判定未来的职业生涯发展方向。

现实期阶段分为试探阶段、具体化阶段和专业化阶段三个子阶段。

（1）试探子阶段：根据尝试期的结果，进行各种试探活动，试探各种职业机会以做出进一步的选择。

（2）具体化子阶段：根据试探阶段的经历，做进一步的选择，将职业目标具体化。

（3）专业化子阶段：依据自我选择的目标，做具体的就业准备。

金斯伯格的职业发展理论主要研究的是个人进入职业前的一段时期职业观的变化及进入职业前的职业选择问题，对进入职业角色后如何调整与发展职业生涯研究得不够。

（二）格林豪斯的职业生涯发展阶段理论

美国心理学博士格林豪斯的研究侧重于不同年龄段职业生涯所面临的主要任务，并以此为依据将职业生涯划分为五个阶段：职业准备阶段、进入组织阶段、职业生涯初期、职业生涯中期和职业生涯后期。

1. 职业准备

典型年龄段为 0～18 岁。主要任务是发展职业想象力，对职业进行评估和选择，接受必需的职业教育。

2. 进入组织

18～25 岁为进入组织阶段。主要任务是在一个理想的组织中获得一份工作，在获取足量信息的基础上，尽量选择一种合适的、较为满意的职业。

3. 职业生涯初期

处于此期的典型年龄段为 25～40 岁。学习职业技术，提高工作能力；了解和学习组织纪律和规范，逐步适应职业工作，适应和融入组织；为未来的职业成功做好准备，是该期的主要任务。

4. 职业生涯中期

40～55 岁是职业生涯中期阶段。主要任务：需要对早期职业生涯重新评估，强化或改变自己的职业理想；选定职业，努力工作，有所成就。

5. 职业生涯后期

从 55 岁直至退休是职业生涯的后期。继续保持已有职业成就，维护尊严，准备离退，是这一阶段的主要任务。

（三）舒伯的生涯发展理论

舒伯把职业生涯的发展看成是一个持续渐进的过程，一直伴随个人的一生。其主要理论观点如下。

1. 自我概念的提出

"自我概念"是舒伯理论中的核心概念。它是指个人对自己的兴趣、能力、价值观、人格特征等方面的认识和主观评价。工作与生活是否满意，就在于个人能否在工作和生活中找到展现自我的机会。用舒伯的话说，职业生涯就是对自我的实现。

2. 舒伯生涯发展五阶段理论

舒伯于 1953 年提出"生涯"的概念，生涯发展即自我实现的过程，可以划分为五个阶段：成长阶段、探索阶段、确立阶段、维持阶段和下降阶段。每个阶段都有其独特的职责和角色及不同的发展任务。他提出生涯发展的"成长—探索—确立—维持—衰退"循环式发展任务，认为每个人都有可能在人生的不同时间点上再次经历这些阶段或者部分阶段，一旦一个人进入了新的发展阶段，需要重新经历这五个发展任务。

3. 生命彩虹图

1976 年后，舒伯在英国进行了四年的跨文化研究，随后提出了新的生涯发展观。除了保持原有的发展阶段理论外，还加入了角色理论，根据生涯发展阶段与角色彼此间交互影响的状况，描绘出一个多重角色生涯发展的综合图形，舒伯将它命名为"一生生涯的彩虹图"。

三、职业锚理论

（一）职业锚理论的产生及概念

1. 职业锚理论的产生

职业锚理论由在职业生涯规划领域具有"教父"级地位的美国麻省理工学

院斯隆管理学院施恩教授领导的专门研究小组提出，是在对该学院毕业生的职业生涯研究中演绎成的。斯隆管理学院的 44 名 MBA 毕业生，自愿形成一个小组接受施恩教授长达 12 年的职业生涯研究，施恩教授运用包括面谈、跟踪调查、公司调查、人才测评、问卷等多种方式，最终分析总结出了职业锚（又称职业定位）理论。

职业锚理论是职业生涯发展的重要内容，它从职业动机形成的角度分析人们从事终身职业的原因。人们有了较为丰富的工作经历之后，选择真正从事某种职业的原因是其进入成年期需要的潜在动机，也是将其作为自己终身职业归宿的主要原因。埃德加·H·施恩认为，职业设计是一个持续不断的探索过程，经过长期的实践以后，人们对个人的需求与动机、能力、价值观等各方面有了真正的认识，寻找到了职业方面的"自我"与"匹配自我的职业"，这时个体就会越来越明显地形成一个占主要地位的职业锚。

2. 职业锚的概念

职业锚，实际就是人们选择和发展自己的职业时所围绕的中心，是指当一个人不得不做出选择的时候，他无论如何都不会放弃的职业中的那种至关重要的东西，即人们选择和发展自己的职业时所围绕的中心。

职业锚在职业生涯过程中非常重要，它以人们的实际工作经历及他人的反馈为基础。即使面临非常困难的状况，职业锚在职业选择过程中也不会被放弃，因为它可以解释人们和公司间是如何及为什么相互影响的。这意味着人们不会放弃目前的工作而转换到一份不能满足职业锚需求的工作。

（二）职业锚的类型

1978 年，施恩提出的职业锚理论包括五种类型：自主型职业锚、创业型职业锚、管理型职业锚、技术职能型职业锚和安全稳定型职业锚。在 20 世纪 90 年代，又发现了三种类型的职业锚：挑战型、生活型和服务型职业锚，施恩将职业锚增加到八种类型。

（三）职业锚的功能

职业锚在员工的工作生命周期及组织的事业发展过程中，发挥着重要的功能作用，表现为以下四点。

1. 使组织获得正确的反馈

职业锚是员工经过搜索，所确定的长期职业贡献区或职业定位。这一搜索定位过程，依循着员工的需要、动机和价值观进行。所以，职业锚清楚地反映出员工的职业追求与抱负。

2. 为员工设置可行有效的职业渠道

职业锚准确地反映员工职业需要及其所追求的职业工作环境，反映员工的价值观和抱负。透过职业锚，组织获得员工正确信息的反馈。这样，组织才可能有针对性地为员工职业发展设置可行的、有效的、顺畅的职业渠道。

3. 增长员工工作经验

职业锚是员工职业工作的定位，不但能使员工在长期从事某项职业中增长工作经验，还能增强员工的职业技能，直接提高工作效率或劳动生产率。

4. 为员工做好后期工作奠定基础

之所以说职业锚是中后期职业工作的基础，是因为职业锚是员工通过工作经验积累后产生的，它反映了员工的价值观和个人才干。当员工致力于某一种职业工作的时候，就是自我认知的过程，就是把职业工作与自我相结合的过程。因此，职业锚决定了员工成年期的主要生活和职业选择。

（四）职业锚的个人开发

1. 自我概念的形成是个人开发的基础

职业锚是个人的动机、能力、需求、价值观、态度等相互作用和整合的结果。在实际工作和生活中，个体通过不断地审视、认识自我，逐步明确个人的需求及价值观，明确个人所长及今后发展的方向，最终在潜意识中找到符合自己的长期稳定的职业定位。有一定工作经验的人，明确自身职业锚是职业选择的最佳参考。而对于没有工作经验的人，因为对各个行业的职位尚不了解，所以职业锚亦不清晰。

2. 职业锚理论对大学毕业生职业生涯规划的启示

（1）职业生涯规划需要自我定位。自我分析及定位是职业生涯规划的首要环节，它决定着个人职业生涯规划的方向及成败。求职前需要先进行职业生涯规划，职业生涯规划前要明确自我定位，即弄清楚自己想干什么、能干什么，自己的兴趣、爱好、学识适合干什么。通过自我分析及量表测量，评估自己的职业倾向、能力倾向和职业价值观，这是进行职业生涯规划的基础和前提。

（2）职业生涯规划是一个动态变化的过程。当今社会处于激烈的变化过程中，大学生的就业观念也要适时地发生改变，打破传统的"一业定终生"的理念，职业生涯规划也要根据各种变化来调整。

（3）职业生涯规划的重点是职业准备、职业选择及职业适应。一般认为职业生涯的阶段主要分为：职业准备期、职业选择期、职业适应期、职业稳定期和职业结束期。大学生职业生涯规划的侧重点在职业准备、职业选择及职业适应三个阶段。大学生要对职业进行心理、技能、知识、物质等方面的充分准备，根据各方面的分析结合自己的职业锚进行客观的职业选择。对进行的职业活动有一定的心理预期，包括工作性质、工作时间、劳动强度及工作关系等。

当然，施恩也指出，"自我概念"中最重要的是"自我对自身才能的感知"。当我们真正有了职业经验、工作体验之后，才能准确、清晰地估测出自己的职业锚。

四、认知信息加工理论

（一）认知信息加工理论概述

认知信息加工理论认为，生涯发展就是看一个人如何做出生涯决策，以及在生涯问题解决和生涯决策过程中如何使用信息。1991年，盖瑞·彼得森、詹姆斯·桑普森和罗伯特·里尔登合著了《生涯发展和服务：一种认知的方法》一书，并在此书中阐述了这一认知信息加工（CIP）的方法。

CIP方法由八个假设组成：① 生涯选择以如何思考和感受为基础；② 进

行生涯选择是一种问题解决活动；③ 作为生涯问题的解决者，我们的能力及我们了解什么、如何思考是基础；④ 生涯决策需要有良好的记忆；⑤ 生涯决策要求有动机；⑥ 持续进行的生涯发展是我们毕生学习的一部分；⑦ 我们的生涯很大程度取决于我们思维的内容及方式；⑧ 我们生涯的质量取决于我们对生涯决策和生涯问题的了解程度。

（二）认知信息加工理论的核心

认知信息加工理论把生涯发展与咨询的过程视为学习信息加工能力的过程。理论的提出者按照信息加工的特性构成了一个信息加工金字塔。

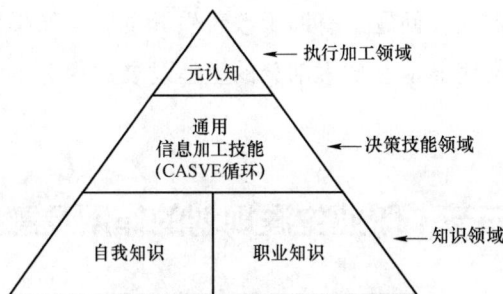

图 1-1　信息加工金字塔

从图 1-1 可以看出，位于塔底的领域是知识的领域，包括自我知识和职业知识。自我知识就是对自我的认识，职业知识就是对自己所选择职业的认识，这两种认识都属于知识的领域。自我知识就是自我的价值观，包括自己的专业知识及学科知识、办事能力等。职业知识包括了解社会环境、地域和特定的职业等。这部分就如同计算机中存储的各种数据文件，以图式方式存储的零散信息或动态信息。这些知识能使我们处理和加工生涯问题解决与决策制定中的信息。比如，在职业知识领域中，如果我们会计学的知识了解得多，就会很好地发展有关会计的技能和兴趣。

中间领域是决策技能领域，也叫通用信息加工技能，包括了"沟通—分析—综合—评估—执行"五个阶段（即 CASVE 循环），该阶段是帮助我们运用我们的相关知识对生涯进行分析与判断，最终做出决策的阶段。该领域就如同计算机的程序，用于将事实和数据存储在计算机的文件和内存中。解决生涯问题要占用大脑大量的记忆空间，并且要求大脑具有很强的信息加工能力。为了达到这一点，我们需要像运动员准备一场比赛一样专心致志、集中注意力。这之后，我们就进入了金字塔顶端。

最上层的领域是执行加工领域，也被称为元认知。该领域具有工作控制职能，它控制计算机程序在金字塔第二级水平上按照什么样的顺序运行。比如，在关注各种职业之前，我们可能会先思考专业选择的问题；在职业选择之前，你会考虑自己所喜欢的生活方式。这些思考影响着我们为实现自己的目标而选择的工作时间和方式，以及我们采取何种途径来解决生涯问题。

CIP 方法是帮助我们解决生涯问题和进行生涯决策的一种简单而有效的方法。它强调生涯决策中信息的定位、存储和使用，帮助我们认识可能扰乱信息加工的各种错误、过失及问题，有助于改善生涯发展。如果我们关注认知和思维两个因素的话，会明显地看到大部分的生涯发展过程都是以信息加工的方式出现在我们头脑中的。

第三节　职业生涯规划的作用及意义

每个有追求的人都会考虑：我打算怎样过我的人生？正如歌德所说，人生重要的在于确立一个伟大的目标，并有决心使其实现。一个人如果不知道自己要往哪里去，他就哪里也去不了。要实现目标，首先得确立目标。职业生涯规划是大学生确立目标和找到实现目标方法的步骤，是减少遗憾、使自己的人生过得有意义的必然要求。

一、职业生涯规划的作用

（一）树立远大目标

中国传统文化中蕴含着丰富的生涯智慧，中国古代教育家孔子可以被看作职业生涯规划的典范。孔子生活的时代是春秋乱世，他的成长背景是平凡而穷困的，他不畏人生的艰难，突破种种不利因素的影响，激发了自己生命的潜能，展现了作为一个"人"的完美形象。

《论语·为政》云："吾十有五而志于学，三十而立，四十而不惑，五十而知天命，六十而耳顺，七十而从心随欲，不逾矩。"这句话是孔子对自己一生各阶段的总结，同时也是对中国生涯发展理念的高度概括，对我们现在的职业生涯规划具有指导作用。人无志不立，"十有五而志于学"是孔子最终成为圣人，到七十岁时能做到"从心随欲，不逾矩"的首要原因。十几岁正是读书学习的大好时期，知识的积淀能使我们站得更高、看得更远。在掌握基础知识、培养基本生存技能的前提下，人生目标也在此阶段初步形成。通过对职业生涯规划的学习、探索和思考，我们能尽早确定人生发展的方向或目标，以为之付出长久的努力。这样，即使成不了圣人，也不至于抱恨终身。正如古训所讲"志当存高远"，目标对人生具有巨大的导向作用，可以说，有什么样的目标就会有什么样的人生。

（二）合理掌握时间

《认知盈余》的作者克莱·舍基说，全美国人一年花在看电视上的时间大约为 2 000 亿个小时。如果将每个人的自由时间看成一个集合体，一种认知盈余，那么，这种盈余会有多大？我们已经忘记了我们的自由时间始终属于我们自己，我们可以凭自己的意愿来消费它们、创造它们和分享它们，可以通过积累将平庸变成卓越。在没有仔细规划自己的时间以前，我们的时间是"公共资源"，任何人、任何事都可以随意占用，而我们却没有感觉。我们不是时间的主人，我们的时间是为别人服务的或在毫无价值地流逝着。因此，在当前这个后物欲的互联网时代，在拥有更多自由的大学阶段，大学生要成为时间的主人。

（三）发展个人潜能

《大学》开篇有云："大学之道，在明明德，在亲民，在止于至善。知止而后有定，定而后能静，静而后能安，安而后能虑，虑而后能得。物有本末，事有终始。知所先后，则近道矣。"这句话的核心就是知止而定，有了目标才能够思想坚定，思想坚定才能有所思考，有所收获。可以说，大学生正处于人生的探索期，大学里不仅要学知识、锻炼技能，更要注重学术的交流和精神上的交往，在主体性基础上思索未来，寻求人生的奋斗目标并向着目标努力提升自己，最终达到自我实现的目标。

二、大学生进行职业生涯规划的意义

职业生涯规划不仅具有很重要的理论价值，同时还具有很强的现实意义。大学生进行职业生涯规划的现实意义，体现在以下四个方面。

（一）帮助大学生充分认识自我

很多大学生能够充分了解自己的个性、兴趣和能力，却不清楚自己喜欢的职业和不喜欢的职业。通过职业生涯规划，大学生能够充分认识自我，通过科学的方法来对自己进行评估，从而实现自我定位和职业定位，选择自己喜欢并适合自己的职业。

（二）进一步增强大学生应对社会竞争的能力

当今社会，在市场经济的条件下，各种竞争日益激烈，要想在竞争中占领有利的位置，就需要找到一个适合自己发展的平台。

（三）激励大学生合理安排大学的学业

大学生的学业规划应该以职业为导向，也就是说，你选择什么样的职业，就应该有相应的学业规划，每个人的学业规划各不相同，多多少少会存在差异。

（四）提升大学生的职业能力

职业生涯规划教育可以使大学生找到适合自己的就业方向，有意识地提高自己的综合素质，锤炼综合能力，进而对相关的社会实践活动进行不断的尝试，提高自己的社会责任感和抗挫折能力，最终使自己的综合职业能力得到较大的提升，得到用人单位的认可并顺利进入职场，完美地实现自己的人生价值。

（五）合理配置就业市场中的各种人才

大学生的盲目就业往往会让本已混乱的人才市场雪上加霜。职业生涯规划把毕业生引导到入职匹配的良性择业道路上，为人才市场的供求理顺了秩序，从而为社会发展带来勃勃生机。

第四节　职业生涯规划的步骤与方法

一、职业生涯规划的步骤

要做好职业生涯规划，就必须按照职业生涯规划的流程，认真实施每个环节。职业生涯规划的实施步骤概括起来主要有以下六步，实施细节将在下一章详细讲述。

（一）自我评估

职业成功的一个很重要的因素是选择前对自我的了解程度。要选择适合自己的职业，必须对自己有一个全面、客观和深入的评估。自我评估包括对个人需求、能力、兴趣、性格、气质等方面的分析，通过评估确定什么职业比较适合自己和自己具备哪些能力，从而认识自己的优势和劣势。

（二）环境评估

每个人都处于一定的社会环境之中，或多或少与各种组织有着这样那样的关联。因此，职业生涯规划也就离不开对这些环境因素的了解、分析和评估。所谓环境评估，一是分析和评估自己职业发展的宏观环境及其发展变化趋势；二是分析和评估各种环境因素对自己职业生涯发展的影响。环境评估的主要目的，是通过对环境特点及其发展趋势的分析，包括自己与环境的关系、自己在这个环境中的地位、环境对自己提出的要求，以及环境对自己有利的条件与不利的影响等，来评估自己职业生涯发展的机会。只有对这些情况充分了解，才能做到在复杂的环境中趋利避害，使自己的职业生涯规划具有实际意义。

（三）目标确立

职业生涯目标的确定，即职业的选择，包括人生目标、长期目标、中期目标与短期目标的确定，它们分别与人生规划、长期规划、中期规划和短期规划相对应。首先，要根据个人专业、性格、气质和价值观，以及社会的发展趋势确定自己的人生目标和长期目标；其次，再把人生目标和长期目标细化，根据个人经历和所处的组织环境确定相应的中期目标和短期目标。通过自我评估、生涯机会的评估，认识自己、分析环境，在此基础上对自己的职业进行选择。换言之，在职业选择时，要充分考虑自身的特点，即自己的性格、兴趣和特长，要充分考虑到环境因素对自己的影响。分析自我、了解自己，分析环境和了解职业世界，使自己的性格、兴趣、特长与职业相吻合，这一点对即将步入社会初选职业的大学生而言非常重要。

（四）选择路线

选择路线就是选择职业生涯发展路线，是指一个人在选定职业类型之后，为了实现职业目标和职业理想所选择的路径。每个人都有适合其发展的路径，但每个人都有所不同，谁也不能完全复制别人的成功之道。每个人的现实状况与理想目标之间都存有多种可供选择的路径，可以选择不同的行业，选定了行业还可以选择不同的企业，选定了企业还能选择不同的职位起点等。不同的职业发展路径，可能导致到达目标的时间不同，造成今后可能达到的目标高度不同。有些路线有可能使人迷失其中而丧失目标，有些路线可能过于艰辛而使目标难以顺利实现，而一条好的职业发展路线，能够使人较快地实现目标，更大程度上实现人生价值。

（五）制订计划

在选择了职业生涯路线后，行动便成了关键的环节。如果没有可以达成目标的行动，目标就难以实现，更谈不上事业的成功。但要行动，必须有行动的计划和措施。

行动计划和措施一般包括工作、训练、教育、轮岗等方面的措施。比如，在工作方面，计划采取什么措施，如何提高工作效率？在业务素质方面，计划学习哪些知识、掌握哪些技能，如何提高业务能力？在潜能开发方面，采取什么措施开发潜能？所有这些方面，都必须要有特别具体的计划与明确的措施，以便定时检查。

（六）评估与调整

职业规划在制定之后可根据实际需要在小范围内进行调整，以便更加符合实际情况，促使职业生涯顺利发展。

职业生涯设计的科学性是基于对被设计者自身及其所处外部环境的科学分析。随着时间的推移，当个体自身条件和外部环境发生改变时，就需要及时调整所设定的发展路径，甚至调整职业目标。因此，职业生涯规划不是一劳永逸的，它在个体的职业发展过程中需要不断调整和完善。成功的职业生涯规划需要时时审视内外环境的变化，不断对自己的设计进行评估和修订并调整自己的前进步伐，这样才能适应社会和环境的发展变化，真正做到与时俱进。

二、职业生涯规划的方法

（一）"5W"归零思考法

1. 定义

"5W"归零思考法是一种简单易行的职业生涯规划方法。从问自己是谁开始，一直问下去，共有五个问题，每个问题的前面都有一个英文字母"W"。

（1）Who am I？（我是谁？）

（2）What will I do？（我想做什么？）

（3）What can I do？（我能做什么？）

（4）What does the situation allow me to do？（环境支持我做什么？）

（5）What is the plan of my career and life？（我的职业与生活规划是什么？）

回答了上述五个问题，找到它们的共同点，就有了自己的职业生涯规划。

2. 流程

首先，取出五张白纸、一支铅笔、一块橡皮，在每张纸的最上边分别写上以上五个问题；然后，静下心来，排除干扰，按照顺序，仔细思考每一个问题。

对于第一个问题"我是谁",回答的要点是:面对自己,真实地写出每一个想到的答案;写完了再想想有没有遗漏,认为确实没有了,按重要性进行排序。对于第一个问题,应回答以下具体问题。

(1)我的性格是:

(2)我的能力是:

(3)我的理想是:

(4)我的未来是:

(5)别人认为我是:

对于第二个问题"我想干什么",可将思绪回溯到孩童时代,从萌生第一个想干什么的念头开始,然后按时间顺序,回忆自己真心向往过的事,并一一地记录下来;写完后再想想有无遗漏,确实没有了,再进行排序。对于第二个问题,应回答以下具体问题。

(1)我小时候想做的工作是:

(2)我中学时想做的工作是:

(3)我现在想做的工作是:

(4)我父母希望我做的工作是:

对于第三个问题"我能做什么",是对自己能力与潜力的全面总结,一个人职业的定位最终还是要基于自己的能力,而自己职业发展的空间则取决于自己的潜力。一个人对自己潜力的了解可从以下几方面入手:对事情的兴趣,做事的韧性,以及知识结构等。对于第三个问题,应回答以下具体问题。

(1)我小时候曾做成的事情是:

(2)我中学时曾做成的事情是:

(3)我大学时曾做成的事情是:

(4)我认为我还能做成的事情是:

(5)别人认为我能做成的事情是:

对于第四个问题"环境支持我做什么"的回答,则要稍做分析:环境有大小之分,有学校、市、省,自小向大,只要认为自己有可能借助的环境,都应在考虑范畴之内;在这些环境中,认真想想自己可能获得什么支持和允许,一一写下来,再以重要性排序。对于第四个问题,应回答以下具体问题。

(1)我所在的班级支持我做的事情是:

（2）我所在的院系支持我做的事情是：

（3）我所在的学校支持我做的事情是：

（4）我所在的城市支持我做的事情是：

如果能够成功回答第五个问题"我的职业与生活规划是什么"，我们就有最后答案了。把前四张纸和第五张纸一字排开，然后认真比较第一张至第四张纸上的答案，将内容相同或相近的答案用一条横线连起来，得到的几条连线，而不与其他连线相交又处于最上面的连线，就是我们最应该去做的事情。我们的职业生涯就应该以此为方向。接下来可以在此方向上以三年为单位，提出近期、中期与远期的目标；再在近期的目标中提出今年的目标；将今年的目标分解为季度目标、月目标、周目标和天目标。这样，我们每天睡前就可以对照自己的目标进行反省，总结当日成就与失误、经验与教训，调整明天的目标与方法，第二天醒过来后稍加温习就可以投入行动了。

（二）三角模式法

美国伊利诺伊大学的斯威恩教授为帮助大学生对职业生涯进行良好的规划，提出了职业生涯规划的三角模式。他认为，职业生涯目标的决策来自三个方面的依据：自我、环境、教育与职业。职业生涯规划的过程就是通过价值观、个人兴趣、个人风格的自我评估，结合来自家庭和环境等社会背景的助力或阻力的分析，再根据在教育和职业的实践、考察中树立起来的榜样，逐渐发展对自己职业生涯的认同，最终建立起自己的职业生涯目标。

（三）PPDF 法

PPDF 的英文全称是 Personal Performance Development File，即个人职业表现发展档案，也可译成个人职业生涯发展道路。发达国家的很多企业使用 PPDF 来让员工形成合力，提升团队凝聚力，使员工为了自己的单位目标去努力实现自我价值，实现双赢。

PPDF 是两本完整的手册。员工将 PPDF 的所有项目填好后，交给自己的直属领导一本，自己留下一本。员工要告诉领导自己想在什么时间内，以什么方式来达到自己的目标。领导会同员工一起研究、分析其中的每一项内容，给员工指出哪一个目标设计得太远，应该再近一点儿；哪一个目标设计得太近，可以将它往远处推一推。领导也可能告诉员工，在什么时候应该和业余培训单位联系，还可能会亲自为员工设计一个更适合于员工的方案。总之，不管怎样，员工将单独和自己相信的领导一同探讨自己该如何发展、奋斗。

PPDF 主要由以下三方面内容组成。

1. 个人情况

（1）个人简历：包括个人的生日、出生地、部门、职务、现住址等。

（2）文化教育：初中以上的校名、地点、入学时间、主修专题、课题等；所修课程是否拿到学历，在学校负责过何种社会活动等。

（3）学历情况：所有的学历、取得的时间、考试时间、课题及分数等。

（4）曾接受过的培训：曾受过何种与工作有关的培训（如在校、业余还是在职培训）、课题及其形式、开始时间等。

（5）工作经历：按顺序填写以前工作过的单位名称、工种、工作地点等。

（6）有成果的工作经历：写上以前有成绩的工作，不要写现在的。

（7）以前的行为管理论述：你对工作的评价，以及关于行为管理的事情。

（8）评估小结：对档案里所列的情况进行自我评估。

2. 现在的行为

（1）现时工作情况：应填写现在的工作岗位、岗位职责等。

（2）现时行为管理文档：写上现在的行为管理文档记录，可以加一些注释。

（3）现时目标行为计划：设计一个目标，同时列出和此目标有关的专业、经历等。这个目标是有时限的，要考虑到成本、时间、质量和数量。如果有什么问题，可以立刻同上司探讨解决。

（4）如果你有了现时目标，它是什么？

（5）怎样为每一个目标设定具体的期限？此处写出和领导谈话的主要内容。

3. 未来的发展

（1）职业目标：在今后的 3～5 年里，准备在单位里达到什么位置。

（2）所需要的能力、知识：为了达到目标，应该拥有哪些新的技术、技巧、能力和经验等。

（3）发展行动计划：为了获得这些能力、知识等，准备采用哪些方法和实际行动，其中哪一种是最好、最有效的；谁对这些行动负责；什么时间完成。

（4）发展行动日志：填写发展行动计划的具体活动安排，所选用的培训方法，如听课、自学、所需日期、开始的时间、取得的成果等。同时，对照自己的行为和经验等，总结从中学到了什么。

第五节　职业生涯规划原则与常见问题

一、职业生涯规划的原则

职业生涯规划的过程是个体探索自我、科学决策、统筹规划的过程，为了保证职业生涯规划的实用性和科学性，进行职业生涯规划时应遵循以下五个原则：量体裁衣原则、可操作性原则、阶段性原则、发展性原则、逻辑性原则。

（一）量体裁衣原则

"量体裁衣"是进行职业生涯规划最重要的原则。人与人的内外在条件有很大差异，所处的环境及对环境的看法也有很大的不同。因此，职业生涯规划是一项完全个性化的任务，没有统一的定式，需要结合个人的具体特点进行设计。

（二）可操作性原则

每个人都有目标和计划，但并不是每个人都可以实现自己的目标和计划，甚至有人根本不知道自己是否完成了计划，这就需要目标和计划具有可操作性。职业生涯规划是设定达成理想目标的规划和步骤，因此，这些内容本身应该是具体明确的，而不是空洞的口号。

职业生涯规划的可操作性，主要包括目标的现实性、计划的可行性和效果的可检查性三个方面。所谓目标的现实性，是指个体目标的设定应该建立在个体现实条件的基础上，是对个体现实资源的真实评估和科学预期，是可以达到的目标，而不能是追新逐异或好高骛远的空想。所谓计划的可行性，是指为个体制订的计划是非常具体的，是依据现有能力可以完成的行动计划。所谓效果的可检查性，是说目标的实现和计划的执行情况以客观事物为标准，是可以度量和检查的。

（三）阶段性原则

人生的不同阶段承担着各自的发展任务，需要解决相应的发展问题。因此，职业生涯规划也应该结合年龄特征，确定具体的发展方向，制定阶段性的发展目标。在现实与最终目标之间设定一个个的阶段性目标，就像从山脚到山顶的一级级台阶。当然，在自身条件或外界环境发生变化时，所设计的理想目标和阶段性目标都需要相应改变，因此，就要求所设计的目标存在可调整的空间，可以根据实际情况加以改变。即使是最终目标，也需要结合不同阶段目标的完成情况而不断进行修正。

（四）发展性原则

发展性原则指不仅着眼于个体当前的发展，而且要考虑到个体未来的职业发展空间，职业生涯设计要具有超前性和预测性。因此，职业生涯规划应该基于影响职业发展的核心因素和本质因素，而不是表面现象进行。

（五）逻辑性原则

职业生涯规划的各个部分是层层递进、环环相扣、重重推导的。在进行职业生涯规划时，重点不在于为自己制定了光辉灿烂的前程和貌似严谨的时间表，而在于是如何思考、推理的。因此，成功的职业生涯规划必须具有较强的逻辑性和层递性。

二、大学生职业生涯规划常见问题

（一）自我评估中的问题

自我评估中最突出的问题，是兴趣、经验和能力的展示与未来职业目标关联度不大，未突出自己的职业能力优势。例如，有人谈到兴趣是旅游，但职业选择是与旅游相去甚远的职业。诸如此类的兴趣还有打篮球、打羽毛球、听音乐、看电视、上网、书法、跳舞、定向越野、绘画、文艺等。另外，许多人把自己的社会实践不加分类地列上去，多至二十多项，而且没有任何评价，与未来的职业也没有实质联系。如未来职业是大学教师，社会实践是销售电话卡；未来职业是工程师，社会实践是家教等。正确的做法是兴趣、社会实践和能力的展示应与未来职业有一定的关联度，而且要认真分析它们对未来职业有何帮助。如果没有，就没有必要列出来。因此，学生的社会实践应该有所选择、有所侧重。

自我评估还要注意四个方面：第一，不要过度提及过去的经验；第二，要充分利用现有的各种工具；第三，不要过于依赖他人对自己兴趣、价值观和技能的看法；第四，通过在不同工作环境中得到的各种工作经验来发展自我认识，同时要注意自己的感受及对这些工作经验的反应。

（二）外界分析中的问题

1. 环境分析只有普遍性没有特殊性

对家庭环境、学校环境、就业形势等方面的分析"大而全"，或者泛泛而谈，缺乏针对性。应该结合具体的职业期望、专业情况、适合本专业的工作领域、具体行业的就业形势等小的方面进行评估。如英语专业学生打算在南京就业，则应该分析南京地区的英语专业毕业生供需市场、竞争对手等方面的情况。

2. 对行业、职位信息的关注度不够

大部分同学会对职业进行比较详细的分析，但对自己将要进入的行业背景缺少了解，也未对具体职位进行关注。例如，理想职业是会计和销售，并没有阐述准备在哪个行业里从事会计和销售工作。而对于职位的分析，涉及具体职位对人的要求、具体职位的工作内容、发展通道等，职业规划只有具体到职位的详细信息才是有效的。

3. 对行业、职位了解的途径单一

大部分学生通过互联网对行业、职业进行了解，认识渠道较为单一，应该

通过多种渠道对职业进行了解。

（三）职业定位与目标确立中的问题

突出问题是目标制定过于理想化。大学生缺乏对于行业、职位详细清晰的了解，接触不到真实的职业环境，目标订立有些理想化，而具体行动计划又脱离实际。绝大多数同学的目标是今后成为社会精英，如大学教授或总经理、董事长等。职业规划中有远大的理想固然好，但一味追高，会导致在择业中眼高手低，结果反而是高不成，低不就。因此，重要的是抱着积极又务实的心态进行职业生涯规划。

（四）计划执行中的问题

1. 计划可操作性不强

大学阶段的计划没有突显为达到职业目标所需要的社会实践和学习计划；大学毕业后的计划只是对未来各职位的描述，而且多是从互联网搜索得来的，没有请教职场人士来描述职业的实际经历。执行计划模糊，即使有社会实践和学习计划，也没有给出时间，没有给出具体的社会实践计划等。目标模糊，可操作性差。

2. 重考证，轻实践

大多数学生会特别强调要考英语证书、计算机证书等，以此作为行动计划的主要目标。其实这些都是计划中的一部分，而不是大学几年的主要目标。社会实践对在校大学生非常重要，参加社会实践才能知道自己所学是不是将来职业所需，自己能不能胜任工作。及时完善相应的知识和能力，这才是具有指导作用的。

3. 想当然的多，结合实际的少

有的大学生将自己未来职业确定为 IT 行业的管理人员，如基层管理（一年）—初级管理（两年）—中级管理（三年）—高级管理（五年）。这个计划是如何制订出来的？是请教了职场人士，还是自己想当然的呢？大学生应该多和职场人士沟通交流，获取足够的行业、企业和职位信息，这样才可以保证职业规划的现实性和可行性。

（五）反馈评估与修正中的问题

计划与备选方案之间缺乏内在联系，如计划是某 IT 企业的工程技术人员，备选方案是导游，这样的备选只能说明职业规划没有明确的方向。还有的同学以为只有破釜沉舟才能取得成功，所以不需要备选方案，这从职业实践来看是不现实的。

自我认知简单化，环境分析普遍化，职业定位理想化，计划执行考证化，反馈修正省略化，这是职业生涯规划中常常出现的问题。要积极学习掌握职业生涯规划的科学方法和技能，站在生涯发展和实现职业理想、人生抱负的高度去探索与实践，力争实现自我认识全面化、环境分析个性化、职业定位实际化、计划执行渐进化、反馈修正灵活化，真正制定出适合自我的、有效的职业生涯规划。

第二章
职业生涯规划的相关理论

第一节　职业选择理论

　　职业选择是指人们从对职业的评价、意向和态度出发，依照自己的职业兴趣、爱好、期望、能力等，从社会现有的职业中挑选出其中之一的过程。职业选择理论着重从个体的角度探讨职业行为，重视个人的需要、能力、兴趣、人格等内在要素在职业选择与职业发展中的重要作用。

　　职业选择的相关理论可以分为两类：一类是强调个人特征与职业特征相匹配的特质论模式，如帕森斯的特质因素理论和霍兰德的人格类型理论；另一类是强调以个人内在动机为动力的动力论模式，如罗伊的人格发展理论。本节重点介绍几种有代表性的职业选择理论。

一、帕森斯的特质因素理论

　　1909 年，帕森斯根据多年的工作经验，在其《选择一个职业》一书中提出了特质因素理论。特质因素论是最早的职业辅导理论。帕森斯认为，每个人都有自己独特的人格模式，每种人格模式都有其相适应的职业类型。

　　"特质"是指个人的人格特征，包括能力倾向、兴趣、价值观、人格等，这些都可以通过心理测验工具加以评量。

　　"因素"是指在工作上要取得成功所必须具备的条件或资格，这可以通过对工作的分析来了解。

　　帕森斯主张选择职业的三大要素和步骤如下。

1. 评价求职者的生理和心理特点（特性）

通过心理测验及其他测评手段，获得有关求职者的身体状况、能力倾向、兴趣、爱好、气质、性格等方面的个人资料，并通过会谈、调查等方法获得有关求职者的家庭背景、学业成绩、工作经历等情况，并对这些资料进行评价。

2. 分析各种职业对人的要求（因素），提供有关的职业信息

这些职业信息包括：① 职业的性质、工资待遇、工作条件及晋升的可能性；② 求职的最低条件，诸如学历要求、所需的专业训练、身体要求、年龄、各种能力及心理特点的要求；③ 为准备就业而设置的教育课程计划，以及提供这种训练的教育机构、学习年限、入学资格和费用等；④ 就业机会。

3. 入职匹配

在了解求职者的特性和职业的各项指标的基础上，进行比较分析，以便选择一种适合其个人特点又有可能取得成功的职业。入职匹配分为两种类型：一种是因素匹配（职业找人），例如，需要有专门技术和专业知识的职业与掌握该种技能和专业知识的择业者相匹配；另一种是特性匹配（人找职业），例如，具有敏感、易动感情、不守常规、个性强、理想主义等人格特性的人，宜于从事审美性、自我情感表达的艺术创作类型的职业。

特性因素论强调个人所具有的特性与职业所需要的素质与技能之间的协调和匹配。为了对个体的特性进行深入、详细的了解与掌握，特性因素论十分重视人才测评的作用。可以说，特性因素论进行职业指导是以对人特性的测评为基本前提的，它首先提出了在职业决策中进行入职匹配的思想，奠定了人才测评的理论基础，推动了人才测评在职业选拔与指导中的运用和发展。

二、霍兰德的人格类型理论

20 世纪 60 年代，美国职业指导专家霍兰德在帕森斯观点的基础上，结合当时的人格心理学概念，提出职业选择是人格的一种表现，工作兴趣类型即人格类型。

1. 霍兰德生涯理论的基础假设

（1）大多数人的人格特质都可以归纳为六种类型，即实际型（R）、研究型（I）、艺术型（A）、社会型（S）、企业型（E）和常规型（C）。

（2）工作环境也有六种类型，其名称、性质与人格类型的分类一致。

（3）人们都会尽量寻找那些能突出自己特长、体现自己价值和能令自己愉快的职业。例如，一个实用型的人会尽力去寻找实用型的职业，其他几种人格类型和职业类型的匹配亦然。

（4）一个人的行为表现是职业环境类型和人格类型相互作用的结果。如果知道自己的人格类型和职业类型，我们就可以预测自己的职业选择、工作变换、职业成就、教育及社会行为。

2. 霍兰德六种类型之间的关系

霍兰德以一个六边形形象地阐述了六种类型之间的关系。六种类型占据了六边形的六个角，相邻类型间具有较高的一致性，即相邻类型间有一定的共同特点。相隔类型之间的共同点比相邻关系少。相对关系类型之间一致性最弱，用虚线表示。以社会型与实际型为例，社会型的人喜欢帮助别人，在团体中工作，看重人际间的互动。实际型的人则偏好用机器来工作，不喜欢以人群为工作对象。

霍兰德六边形模型对人格特质和职业环境之间相似关系的描述可以看出，每一种类型与其他类型之间存在不同程度的关系，大体可描述为三类。

（1）相邻关系，如 RI、IR、IA、AI、AS、SA、SE、ES、EC、CE、RC 和 CR。属于这种关系的两种类型的个体之间共同点较多，实用型 R、研究型 I 的人都不喜欢人际交往，这两种职业环境中也都较少有机会与人接触。

（2）相隔关系，如 RA、RE、IC、IS、AR、AE、SI、SC、EA、ER、CI、CS、属于这种关系的两种类型个体之间共同点比相邻关系少。

（3）相对关系，在六边形上处于对角位置的类型之间即为相对关系，如 RS、IE、AC、SR、EI 和 CA，相对关系的人格类型共同点少。因此，一个人同时对处于相对关系的两种职业环境兴趣很浓的情况较为少见。

霍兰德的类型论提出之后，产生了广泛的影响，对职业指导过程的分析、解释和诊断产生了重大影响，其理论被广泛用于心理测验工具的编制，并促进了众多关于该理论的研究工作与报告的产生。

三、罗伊的人格发展理论

罗伊是临床心理学家，她约在 20 世纪 60 年代初期提出人格发展理论。她的人格发展理论综合了精神分析论、墨瑞的人格理论与马斯洛的需求层次理论。她认为，早年经验会增强或削弱个人高层次的需求，进而影响人的职业生涯发展。

1. 需求满足

罗伊的人格发展理论假设每一个人天生就有一种扩展心理能量的倾向，这种内在的倾向配合着个体不同的儿童时期经验，塑造出满足个人需求的不同方式。而每一种方式对职业生涯选择的行为都有不同的意义。

罗伊认为需求的满足形态及程度与个人早期经验息息相关。

（1）如果需求获得满足，就不会变成无意识的动力来源。

（2）如果高层次的需求（如自我实现、审美等）不能获得满足，则这种需求将会消失而且不再发展。

（3）如果低层次的需求（如生理、安全、爱与隶属等）未获得满足，将驱使人去满足人类需求来维持生存，而间接地妨碍了高层次需求的发展。

（4）如果需求的满足受到延迟，就会驱动人无意识地去满足这些需求，而延迟其他需要。其影响力将依据该需要的强度、时间的长短及周围环境对满足该需求的价值判断而定。

个人心理能量的运作会影响个人需求的满足状况，而心理能量的方向又受遗传与环境的交互影响，特别是早年所受的挫折和获得的，满足对其心理需求的发展会有重大影响。

2. 亲子关系

罗伊认为，需求满足的发展与个人早期的家庭气氛及成年后的职业选择有密切的联系。如个体成长过程中，父母是接纳还是拒绝，家中气氛是温暖还是冷漠，父母对其行为是自由放任还是保守严厉，这些都反映在个人所做的职业选择上。根据家庭状态，罗伊将其分为以下三种类型。

（1）关心子女型，包括过度保护和过度要求两种情况。多半家庭满足子女的生理需求，有条件地满足其心理需求。

（2）逃避子女型，有拒绝和忽视两种情况。只能满足孩子的生理需求，忽略心理上的需求。

（3）接纳子女型，包括"爱的接纳"和"不明确的接纳"两种情况。前一种，充满了爱的父母，不仅能满足孩子的各种需求，而且会支持子女发展的独立性。后一种父母则采取自由放纵、任其发展的态度。

3. 职业分类

罗伊认为，我们所选择的工作环境，往往会反映出幼年时的家庭气氛。如果小时候的生活环境是充满温暖、接纳或保护的氛围，就可能会选择与人有关的职业。如果生活在一个冷漠，被忽略、拒绝或适度要求的家庭中，很可能会选择从事以事、物和观念为主，不大需要和人有太多直接接触的职业。她把职业分为服务业、商业交易、商业组织、技术、户外、科学、文化和演艺八大职业群组。依其难易程度和对责任要求的高低，她将职业分为专业及管理高级、专业及管理一般、半专业及管理、技术、半技术、非技术六个等级。

4. 亲子关系与职业选择

第一型"关心子女型"中的"过度保护型"父母，会毫无保留地满足子女的生理需求，却不见得满足子女对爱和自尊的需求，即使这些需求都能得到满足，子女也未必表现出社会认可的行为。所以，这类子女日后显示出较多的人际倾向，而不是表现出自我防御的心理机制。"过度要求型"的父母对子女需求的满足往往附加某些条件，也就是当子女表现出顺从的行为，或表现出父母认可的行为时，其生理需求和爱的需求才会被满足。这类儿童虽然也有强烈的人际倾向，但有时有一种潜意识的防卫行为——害怕无法从人群得到较高层次需求的满足，因而在职业选择时偏向于非朝向人群的职业。

在第二型"逃避子女型"父母教养下，无论被拒绝还是忽视，儿童需求满足的经验都是痛苦的，不论生理或是心理都有缺陷，更谈不上高层次的满足。这类孩子日后很怕和人相处，宁可在自己的岗位上，靠自己的努力得到高层次需求的满足，因而在职业选择时偏向于非朝向人群的职业取向。

第三型"接纳子女型"的家庭氛围大体是温暖的。在温暖、民主氛围下长大的孩子，各类层次的需求都不会缺乏，长大后也能独立做出选择。因此，有的会表现为朝向人群的职业取向，也有的会表现为非朝向人群的职业取向，这都是出自非防御的心理机制。

因此，父母的教养态度对孩子的职业选择有重要的影响，应该让孩子从小去发展自己的能力及职业兴趣，这样他们对终身的择业才有正确的观念及选择能力，也愿意承担相应的责任。

第二节　职业生涯发展理论

一、金斯伯格的职业生涯发展阶段理论

美国职业生涯发展理论先驱、职业心理学家金斯伯格通过对人的童年到青少年阶段职业心理发展过程的研究，将个体职业心理的发展划分为幻想期、尝试期和实用期三个阶段。

1. 幻想期（4～11岁）

这一时期的儿童已逐渐获得社会角色的直接印象，他们对自己经常看到或接触到的各类职业都感兴趣，幻想着长大要做什么。他们在早期的游戏中，常常充分地运用各自的职业想象力，扮演他们各自所喜爱的角色。随着年龄的增长，游戏中所喜爱的角色得到初步强化，他们开始在日常服饰搭配、语言行动上对这些角色进行模仿。如果这种模仿得到了成人和伙伴的赞许、肯定，那么他们的这种开始萌芽的职业意识会得到强化。

这一时期，儿童职业心理发展总的特点如下。

（1）属于单纯的兴趣爱好与模仿。

（2）不考虑自身的条件和能力水平。

（3）不能形成与社会需要相适应的职业动机，完全处于幻想之中。

2. 尝试期（11～17岁）

与单纯模仿的早期不同，11～17岁是儿童向青少年过渡的时期。随着生理的成长和变化，他们的心理也在快速发展，其独立意识和价值观念的形成是显

著标志，他们开始憧憬自己美好的未来。伴随着知识和能力的增长与增强，特别是获得一些社会生产、生活经验后，他们开始对职业问题进行积极探索，如能够比较客观地审视自己的条件、能力，注意社会职业声望、需要等。

金斯伯格还进一步把尝试期划分为以下四个阶段。

（1）兴趣阶段（11～12 岁）：处在这个阶段的青少年开始觉察到社会不同职业之间的一些重要差异，并对自己较为关注的职业产生兴趣。

（2）能力阶段（12～14 岁）：处在这个阶段的青少年开始注意到社会不同职业对人的能力要求，注意衡量自己的能力与某些自己感兴趣的职业的差距，并自觉进行训练。

（3）价值观阶段（14～16 岁）：处在这个阶段的青少年开始注意了解各种职业的社会价值和个人价值，并运用这些价值审视自己的职业兴趣和能力，以便进行职业选择。

（4）综合阶段（16～17 岁）：处在这个阶段的青少年开始综合有关职业信息，并综合判断个体职业发展方向，缩小职业兴趣范围，把自己在前几个阶段中形成的职业价值判断和早期职业行动，转移到自己初步确定的职业方向上来。

3. 实用期（17 岁以后）

与尝试期不同，17 岁以后是青年向成人过渡和迈进的年龄阶段，客观性、实用性是这一时期青年职业选择的最明显的特点。

在这一时期，个体开始步入社会并实现就业，能够客观地把自己的职业愿望同自己的主观条件、能力及职业需要密切联系和协调起来，寻找适合自己的职业角色。他们对职业的认识已不再模糊不清，而是形成了明确、具体、实用的职业生涯目标。

金斯伯格按职业心理的发展顺序将实用期分为三个阶段。

（1）试探阶段：对尝试期初步确定的职业方向进行各种职业的试探活动，如调查、访谈、参观、考察、查询、咨询等，了解职业发展方向及就业机会，为选择职业作准备。

（2）具体化阶段：对职业试探活动中的某些结果，结合自己的情况进行比较分析，再一次缩小职业选择范围，使自己的职业选择方向更加具体化、明确化。

（3）专业化阶段：对个体职业发展的专业方向进行确认，并以实际行动将目标变为实际。

二、格林豪斯的职业生涯发展阶段理论

格林豪斯研究人生不同年龄阶段职业发展的主要任务，并将职业生涯发展分为五个阶段。

1. 职业准备（0～18岁）

主要任务：发展职业想象力，对职业进行评估和选择，接受必需的职业教育。一个人在此阶段所做的职业选择，是最初的选择而不是最后的选择，主要目的是建立起个人职业的最初方向。

2. 进入组织（18～25岁）

主要任务：在一个理想的组织中获得一份工作；在获取足量信息的基础上，尽量选择一种合适的、较为满意的职业。在这个阶段，个人所获得信息的数量和质量将影响个人的职业选择。

3. 职业生涯初期（25～40岁）

主要任务：学习职业技术，提高工作能力；了解和学习组织纪律和规范，逐步适应职业工作，适应和融入组织；为未来的职业成功做好准备。

4. 职业生涯中期（40～55岁）

主要任务：对早期职业生涯重新评估，强化或转变自己的职业理想；选定职业，努力工作，有所成就。

5. 职业生涯后期（55岁至退休）

主要任务：继续保持已有的职业成就，准备引退。

职业发展性理论强调职业发展的成熟度。职业成熟是指完成各个发展阶段对应的发展任务，比如，在探索阶段应该完成缩小职业选择范围的任务，建立阶段应该通过有效的尝试明确职业类型等。职业成熟度高的人比职业成熟度低的人更容易成功。

职业自我概念在发展性理论中占据着非常重要的地位。职业自我概念是通

过对工作的观察、对工作的认同及个人的尝试实践而获得的。职业自我概念是整体自我概念的一部分，但它却是个人一生中建立生涯形态的驱动力。个人通过选择独特的职业类型来表达和展现自己，实践自我概念。

职业发展性理论与职业选择理论不同，其最大特色在于，强调职业类型的选择和生涯形态的建立是一个发展的、动态变化的过程，是终身发展的任务。个体成长的每一个阶段都有着职业发展的内容和任务，职业选择并不仅是大学毕业时才面临的挑战。

三、舒伯的生涯发展理论

美国学者舒伯根据自己"生涯发展形态研究"的结果，将生涯发展阶段划分为成长、探索、建立、维持和衰退五个阶段。

1. 成长阶段（0～14岁）

儿童在该阶段开始发展自我概念，开始以各种不同的方式来表达自己的需要，且经过对世界的不断接触，修饰自己的角色。

这个阶段发展的任务是：发展自我形象，端正对工作的态度，并了解工作的意义。这个阶段共包括3个时期。

（1）幻想期（4～10岁）：它以"需要"为主要考虑因素，幻想中的角色扮演在这个时期很重要。

（2）兴趣期（11～12岁）：它以"喜好"为主要考虑因素，喜好是个体抱负与活动的主要决定因素。

（3）能力期（13～14岁）：它以"能力"为主要考虑因素，能力逐渐具有重要作用。

2. 探索阶段（15～24岁）

该阶段的青少年通过学校活动、社团休闲活动、打零工等实践活动，对自我能力及角色、职业做了一番探索，因此选择职业时有较大弹性。

这个阶段发展的任务是使职业偏好逐渐具体化、特定化并实现职业偏好。这阶段共包括三个时期。

（1）试探期（15～17岁）：考虑需要、兴趣、能力及机会，做暂时的决定，并在幻想、讨论、课业及工作中加以尝试。

（2）过渡期（18～21 岁）：进入就业市场或进行专业训练，更重视实用，并力图实现自我观念，将一般性的选择转为特定的选择。

（3）试验并稍作承诺期（22～24 岁）：生涯初步确定并试验其成为长期职业生涯的可能性，若不适合则可能再经历上述各时期以确定方向。

3. 建立阶段（25～44 岁）

经过上一阶段的尝试，求职者基本可以确定自己在职业生涯中的位置，并在 31～40 岁时开始考虑如何保住这个位置并固定下来。

这个阶段发展的任务是稳固并求上进，包括两个时期。

（1）试验—承诺稳定期（25～30 岁）：个体寻求安定，可能因生活或工作上的若干变动而尚未感到满意。

（2）建立期（31～44 岁）：个体致力于工作上的稳定，大部分人处于最具创意时期，随着工作经验的积累往往业绩突出。

4. 维持阶段（45～64 岁）

个体仍希望继续维持属于他的工作位置，同时会面对其他人员的挑战。这一阶段发展的任务是维持既有成就与地位。

5. 衰退阶段（65 岁以上）

由于生理及心理机能日渐衰退，个体不得不面对实际，从积极参与到隐退。这一阶段往往注重发展新的角色，寻求不同方式以替代和满足需求。

在舒伯的生涯发展阶段中，每一阶段都有一些特定的发展任务需要完成，每一阶段需达到一定的发展水准或成就水准，而且前一阶段发展任务的达成与否关系到后一阶段的发展。例如，一个大学一年级的新生，必须适应新的角色与学习环境，经历"成长"和"探索"，一旦建立了较固定的适应模式，同时适应了大学学习生活之后，又要开始面对另一个阶段——准备求职。原有的已经适应了的习惯会逐渐衰退，继而新阶段的任务又开始经历成长、探索、建立、维持和衰退的过程，如此周而复始。

舒伯的职业生涯发展阶段理论较为全面完整，阐释了将个人特征与职业匹配的动态过程，并将制约个人职业选择和发展的心理因素、社会因素有机地结合在一起，对职业生涯发展的研究具有较高的理论价值和实践价值。

四、施恩的职业生涯发展九阶段论

施恩立足于人生不同年龄段面临的问题和职业所面对的主要任务，将职业生涯分为九个阶段：成长、幻想、探索阶段，进入工作阶段，基础培训阶段，职业早期的正式成员阶段，职业中期阶段，职业中期危险阶段，职业后期阶段，衰退和离职阶段，退休阶段。

施恩的职业生涯发展九阶段理论对每个年龄阶段的特点进行了阐述，但更多的是根据职业状态、任务、职业行为的重要性对职业生涯发展各个阶段进行划分。由于个体差异，每个人经历某个职业阶段的年龄有别，所以施恩只给出了每个阶段的大致年龄跨度，且在各个职业发展阶段有所交叉。

第三节　职业锚理论

一、职业锚的内涵

职业锚（又称职业定位）的概念是由美国职业心理学家施恩提出的，他认为，职业生涯发展实际是一个持续不断的探索过程，随着一个人对自己越来越了解，这个人就会越来越明显地形成一个占主导地位的职业锚。

施恩认为，职业锚是指当一个人不得不做出选择的时候，无论如何都不会放弃的职业中的那种至关重要的东西或价值观，即人们选择和发展自己职业时所围绕的中心。

一个人对自己的天资和能力、动机和需要及态度和价值观有清楚的了解后，就会意识到自己的职业锚，从而做出某种重大选择。一个人过去所有的工作经历、兴趣、资质、潜能等集合成一个富有意义的职业锚，它会告诉这个人，对于他来说，什么东西才是最重要的。

职业锚理论主要包括以下三个方面内容。

（1）自身的动机和需要：以实际工作经验来进行自我检测和诊断，以他人的反馈来认知自我。

（2）自身的才干和能力：以各种作业环境中的工作经验和成就为基础认知自我的能力。

（3）自身的态度和价值观：以自己与雇佣组织的工作环境、工作准则、价值观之间的实际碰撞为基础，逐步重视自己所擅长的东西，并在这些方面提高自己的能力。

二、职业锚的类型

经过几十年的发展，职业锚已经成为职业发展、职业设计的必选工具。许多大公司将职业锚作为员工职业发展、职业生涯规划的主要参考点。施恩根据自己对麻省理工学院毕业生的研究，确定了八种基本的职业锚类型。

1. 技术/职能型

技术/职能型的人追求在技术职能领域的成长和技能的不断提高，以及应用这种技术职能的机会。他们对自己的认可来自他们的专业水平，喜欢面对专业领域的挑战，通常不喜欢从事一般的管理工作，因为这意味着他们不得不放弃在技术/职能领域的成就。

2. 管理型

管理型的人追求并致力于职位晋升，倾心于全面管理，独立负责一个部分，可以跨部门整合其他人的努力成果。他们想去承担整体的责任，并将公司的成功看成自己的工作，具体的技术职能工作仅被看作通向更高管理层的必经之路。

3. 自主/独立型

自主/独立型的人希望能随心所欲地安排自己的工作方式和生活方式。他们追求能施展个人能力的工作环境，寻求最大限度地摆脱组织的限制和制约。他们宁愿放弃提升或工作发展机会，也不愿意放弃自由与独立。

4. 挑战型

挑战型的人喜欢解决看上去无法解决的问题，战胜实力强硬的对手，克服无法克服的困难、障碍等。对他们而言，参加工作的原因是工作允许他们去战胜各种不可能。他们需要新奇、变化和困难，如果事情非常容易，工作马上会变得令他们厌烦。

5. 生活型

生活型的人希望将生活的各个主要方面整合为一个整体，喜欢平衡个人、家庭和职业的需要。因此，生活型的人需要一个能够提供"足够弹性"的工作环境来实现这一目标。生活型的人甚至可以牺牲职业的一些方面，如放弃职位的提升来换取三者的平衡。他们对成功的定义比职业成功更广泛。相对于具体的工作环境、工作内容，生活型的人更关注自己如何生活、在哪里居住、如何处理家庭事业及怎样提升自我等。

6. 安全/稳定型

安全/稳定型的人追求工作中的安全感与稳定感。他们因为能够预测到稳定的将来而感到放松。他们关心财务安全，如退休金和退休计划。

7. 创造/创业型

创造/创业型的人希望用自己的能力去创建属于自己的公司或创建完全属于自己的产品（或服务），而且愿意冒风险，并克服面临的障碍。他们想向社会学习并寻找机会，一旦时机成熟，便会走出去创立自己的事业。

8. 服务/奉献型

服务/奉献型的人一直追求他们认可的核心价值，如帮助他人，改善人们的安全状况，通过新产品消除疾病等。他们一直寻找这种机会，这意味着即使变换公司，他们也不会接受不允许他们实现这种价值的变动或工作提升。

以上八种职业锚类型不一定能涵盖所有的职业类型，但它提供了一个独特的视角，为职业规划和管理实践提供了新的理论基础。总之，不同职业锚类型的人，职业追求不一样，在职业选择过程中，只有正确认识自己的职业锚类型，识别自己的职业抱负模式和职业成功的标准，才能够"对症下药"，才能够提高工作满意度和工作效率。因此，大学毕业生在职业生涯规划中必须考虑职业锚与工作职位的匹配。

三、利用职业锚引导职业发展

职业锚是个人早期执行发展过程中逐步确立的职业定位，在职业锚的选定或开发中，个人起着决定性的作用。

1. 提高职业适应性

职业适应性是在职业活动实践中验证和发展了的适应性。每个人从事职业活动，总是处于一定的物质环境和心理环境中，个人从事职业的态度受到诸多因素的影响。

例如，个人对工作的兴趣、价值观、技能、能力、客观的工作条件、福利状况、他人和组织对自己工作的认可及奖励情况、人际关系情况，以及家庭成员对本人工作的态度等。个人的职业适应性就是尽快地习惯、调适、认可这些因素，即员工在组织的具体职业活动中，适应职业工作性质、类型和工作条件，使之与个人需要和价值目标融合，使自身在职业生活中获得最大的满足。职业适应的结果能保证员工个人在较长一段时间内从事某种职业活动，而且能保证员工在职业活动中有较高的效率，有利于员工个性的全面协调发展。因此，通过职业活动实践，员工由初入组织的主观职业适合转变为职业适应的过程，就是员工搜寻职业锚或开发职业锚的过程。职业适应性是职业锚的准备或前提。

2. 借助组织的置业计划表，选定职业目标，发展职业形象

置业计划表是一张工作类别结构表，是将组织所设计的各项工作分门别类进行排列，形成一个系统反映人力资源配给情况的图表。员工应当借助职业计划所列职工工作类别、职务升迁与变化途径，结合个人的需要与价值观，实事求是地选定自己的职业目标。一旦瞄准目标，就要根据目标工作职责及对人员素质的要求有目的地进行自我培养和训练，使自己具备从事该职业的充分条件，从而在组织内树立良好的职业形象。

职业形象是员工个人的自我职业素质向组织及其群体的全面展现，是组织或工作群体对个人职业素质的一种根本认识。职业形象的构成主要有两大要素：一是职业道德思想素质，通过敬业精神、对本职工作热爱与否、事业心、责任心、工作态度、职业纪律、道德等来体现；二是职业工作素质，主要看员工具有的智力、知识、技能能否胜任本职工作。员工应当从上述两个主要的基本构成要素入手，塑造自己的职业角色，为自己确立职业锚创造条件，打好基础。

3. 培养和提高自我职业决策能力

自我决策能力是一种重要的职业能力。决策能力大小、决策正确与否，往往影响一个人整个的职业生涯发展。在个人的职业发展过程中，特别是职业发展的转折关头，如首次择业、决定职业锚、重新求职等，自我职业决策能力十分重要。所以，个人在选择、开发职业锚之时，必须着力培养和提高职业决策能力。

第三章
职业生涯规划与管理研究

第一节　个人生涯规划与职业发展

一、职业规划（生涯规划）概述

（一）职业规划定义

职业规划是对职业生涯乃至人生进行持续、系统计划的过程，在学术界人们也喜欢叫它"生涯规划"，在有些地区，也有一些人喜欢用"人生规划"来称呼它。在对一个人职业生涯的主客观条件进行测定、分析、总结的基础上，对自己的兴趣、爱好、能力、价值观、特长等进行综合分析与权衡，结合时代特点，根据自己的职业倾向，确定自己最佳的职业奋斗目标，并为实现这一目标做出行之有效的计划。职业规划通常建立在个体对自我全面、深刻的认识的基础之上，需要结合自身发展的一般性特点，职业规划的好坏必将影响整个生命历程。

（二）职业规划意义

在市场经济中，社会竞争日趋激烈，"凡事预则立，不预则废"，职业规划显得十分重要，目前已经在向中学阶段普及职业规划了，以让中学生正确认识自我，客观上要求初高中阶段学生在高考前就应通过职业规划系统测评工具探索自我，制定符合自身实际情况的职业规划，选择满足社会发展需要和自己有兴趣的专业，还要重新认识自我，调整自己的职业规划，并积极做好知识、技能、思想、心理等方面的准备，努力实施职业规划。实际上，中学阶段是认识自我的主要时期，是职业生涯规划形成的关键时期，职业生涯规划教育应从初高中生抓起。

大学生职业规划，对大学生而言，就是在尊重自己兴趣、爱好的前提下及认真分析个人性格特征的基础上，结合自己的专业特长和知识结构，对将来从事工作所设计的方向性的方案。大学生在走向社会前，将现实环境和长远规划相结合，给自己的生涯一个清晰的定位。

大学生首先需要进行自我评估，借助于专业性的职业规划的潜能、人格和兴趣测验，判断自己的发展方向，确定自己未来的发展目标，进行正确的职业设计，然后制订出恰当的行动计划，认真执行，并且不断做出评估与反馈。在校期间进行不间断的完善和补充，使自己与社会发展、所学知识与专业进步、自身潜力与将来发展能够同频共振。

职业规划对所有人来说都很重要。无论是对于小学生、初中生、高中生还是大学生，职业规划都将对其一生的成就产生重大影响。在中国，心理学专业比较少一些，学生在大学期间很少有机会接受系统的心理学教育，很难系统科学地了解自我，这时候就需要专注于职业测评，这可以起到重要的辅助作用，帮助学生系统地了解自我并制定职业发展规划。

（三）职业生涯类型

1. 理智型

理智型的人一般拥有深思熟虑的特质，并且具备较强的逻辑思维能力。他们可以冷静客观地去思考和解决事情，去分析一切可能出现的选择的利弊，最后依靠理智的思维去进行判断，做出最有利的决策。

理智型的人能客观地分析自我优势与劣势，并进行调整。他们可以全面地搜集所需要的各种信息，并在此基础上开展理智的思考和冷静的分析，最终做出决策，因此他们在职场上是如鱼得水型。

例如，某工商管理专业大三学生小宁，性格乐观开朗，善于交际，在校期间积极参加各种社团组织。他对市场策划工作非常感兴趣，并且将自己的求职方向就定位在市场策划方向。在准备进入该目标行业以前，他在社团就担任策划工作，在实习时也是在相关公司的市场部实习，并和策划从业人士广泛接触，了解整个策划工作的情况和员工应具备素质，从而分析自身的情况以进行调整，并有针对性地开展人脉经营。

2. 愚钝型

愚钝型的人往往别人说什么，他就会跟着做什么，不善于从自身的角度去发现和分析问题并做出有价值的判断。

大多数人通常在高考选择专业的时候就开始考虑一个专业是好是坏，是否喜欢，是否好就业。而愚钝型的人可能会在真正学了以后才开始考虑对这个专业的喜好和未来发展，在发现不合适时，又会像走错了路一样，再次返回或者重蹈覆辙，花费比常人更多的精力，甚至依然无法达到理想的目标。

例如，某大二学生小妍刚刚转专业到了工商管理专业，她在大一的时候是生物专业的学生，她选择生物专业是因为家里有亲人是这个方向的，在当年报专业时有说到生物专业不错，就业很有竞争力，于是小妍就报了生物专业。可是开学后她发现自己非常不喜欢这门专业，于是她又听很多人说工商管理专业好就业，于是她就在大二转到了这个专业，但是她依然对学完工商管理以后的出路很是担忧，甚至担忧自己会不喜欢工商管理专业。

3. 犹豫型

犹豫型的人总会思考再三，举棋不定，关键时候难以下决定。他们总是害怕自己选错了，不敢轻易做决定，很多时候就这样让机遇从眼前流逝，这种情况尤其体现在竞争激烈的职场上。

当下的毕业生普遍认为签约就意味着有了"铁饭碗"，还有的人会吃着碗里的望着锅里的，总是不知该选择哪个。

例如，小黑是某名牌大学的大四学生，因为其出色的成绩和母校的光环，他在校招时得到了三个进入大企业的机会。但其中一个单位要求小黑当天下午三点前就要必须签订就业协议书，否则视为本人放弃。因为这个时间比较紧，小黑一时犹豫不决，不敢签约，还想找一个待遇更好、工作轻松、自己喜欢的机会，就是这样的犹豫和挑剔，最终使他失去了校招进入大企业的机会，最后只能走入了社会求职的道路。

4. 情绪型

情绪型的人一般不依据客观事实做判断，而是纯粹依赖主观的喜好、情绪好恶来做决定。情绪对人的事业、生活与健康都有着十分重要的影响，不正常的情绪变化可能导致职场上的诸多问题发生，并且情绪化在职场上是一种不成熟的表现，给人留下负面的印象，使个人的职业发展和交友都会丧失许多机会。

亚里士多德曾说过，任何人都会生气，这没什么难的，但要能适时适所，以适当方式对适当的对象恰如其分地生气，可就难上加难。大学生刚进入职场时，年轻气盛、习惯性抱怨、情绪化，这都是职场上的大忌，任何一个领导都不希望自己的手下有这样的"负面炸弹"。

例如，小天工作能力比较出色，也会受到前辈们的赞赏。但是有一次出现了一些问题，小天一怒之下给老板写了一封 2 000 字的辞职信，在信里表达了许多的怨言和对公司同事的攻击。老板看到信后第一时间就批准了小天的辞职申请。小天离开后依然觉得自己没有问题，并且自己工作能力很强，绝对不愁找工作。但是这样的事情在小天毕业以前的三份实习工作中都发生了，小天也开始思考自己到底有没有错。

5. 顺从型

顺从型是心理学里的一种倾向型表现，这类人的性格是独立性差，容易受暗示，容易接受别人的意见，并按照别人的意见去做事情，在紧急困难情况下一般会表现得惊慌失措。在职场上，他们会比较缺乏自信，过于听从别人的意见，决定受他人左右。尤其是顺从型的大学生，在与人交往中非常被动、自卑、不敢反对他人和提出自己的意见、看法。甚至当自己的正当利益被他人侵犯时，也不敢申辩，生怕激怒对方，不善于保护自己。

例如，小谢是一个温柔善良的女孩，就读于英语专业，目前大四。她正在一家本土广告公司实习，她本可以进入国际 4A 广告公司实习的，但和她一起应聘的同学请她把机会让出来，小谢就让给了同学。小谢在公司实习并不开心，因为她本来很擅长做文案工作，但是人力资源经理面试问她做设计可不可以，小谢觉得自己只是个小小实习生，有一份工作机会就很好了。她没敢表达自己想做什么和擅长做什么，于是就在做又不擅长又不喜欢的平面设计。

6. 直觉型

直觉型的人常常是依据自己的直觉进行判断，他们不以客观环境作为判断依据，而是关注自己的内心感觉。他们以自我判断为导向，凭借自己的信息和感觉做出决策。在他们眼里，职业没有好坏，也没有适合不适合，只有当时是不是那样想。

例如，小翟从小到大一直是个很自立的孩子，每一次的考学决定都是自己做的。眼下又是一次做决定的时候，小翟的成绩、能力、专业和人脉都非常适合留校或者进企业单位做他擅长的事情。但是小翟给家里出了一个难题，他认为自己该出国读研，没有为什么，因为他认为这是对的。

二、职业生涯规划与职业发展

（一）职业生涯规划目的

1. 找到适合自己的工作

第一个目的是找到适合自己的工作，找工作最重要的就是要人岗匹配，适合自己。每个工作都有长处和短处，每个人都有优势和劣势。分析、定位是职业生涯规划的首要环节，它决定着个人职业生涯的方向，也决定着职业生涯规划的成败。求职之前要先进行职业生涯规划，进行职业生涯规划之前要先进行准确的自我定位。先要弄清自己想要干什么、能干什么，自己的兴趣、才能、学识适合干什么。可以通过可靠的量表工具的测量，评估职业倾向、能力倾向和职业价值观，这是职业生涯规划的基础。职业生涯规划就是根据测评结果的各项指标，以及自身的学历、经历和能力，了解一个人的内在、外在优势，并且把这些优势整合在一起，作为自己在职场上打拼的核心竞争力，然后找到这个人与岗位的匹配点，也叫职位切入点。

2. 通过规划实现职业发展

第二个目的是通过规划求得职业发展，确定今后各个阶段的发展平台，并且制定出攻占各个平台的计划和措施，然后由咨询师对切入点所在的市场状况、行业前景、职位要求、入行条件、培训考证、工作业务、薪酬提升、行业英语等运作进行详细的指导。例如，要上每个平台，需要多长时间、补充哪些知识、增加哪些人脉等，而自己则沿着主干道继续充电，几年后成为业内的精英，使自己的薪水和职位得到提升。

第二节　自我职业生涯规划与设计

一、职业生涯规划的概述

个人职业生涯规划也叫个人职业生涯通道设计。它是一个人对其一生中所承担职务的相继历程的预期和计划，这个计划包括一个人的学习与成长目标，以及对一项职业和组织的生产性贡献和成就期望。个体的职业生涯规划并不是一个单纯的概念，它和个体所处的家庭及社会存在密切的关系，要根据实际条件来具体安排。因为未来的不确定性，职业生涯规划也需要具有适当的变通性。虽然是规划，但也不是一成不变的，同时职业生涯规划也是个体的人生规划的主体部分。

真正的职业生涯规划分为 3 个方面，即职业定位、职业目标设定和职业通道设计。真正意义上的设计是指职业通道的设计。

（一）规划的意义

（1）做好职业生涯规划，个人可以分析自我，以既有的成就为基础，确立人生的方向，提供奋斗的策略。

（2）通过职业生涯规划，个人可以重新安排自己的职业生涯，突破生活的格线，塑造清新充实的自我。

（3）通过职业生涯规划，个人可以准确评价个人特点和强项，在职业竞争中发挥个人优势。

（4）通过职业生涯规划，个人可以评估目标和现状的差距，为自己提供前进的动力。

（5）通过职业生涯规划，个人可以准确定位职业方向。

（6）通过职业生涯规划，个人可以重新认识自身的价值并使其增值，通过自我评估，知道自己的优缺点，然后通过反思和学习，不断完善自己，从而使个人价值增值。

（7）通过职业生涯规划，个体可以全面了解自己，增强职业竞争力，发现新的职业机遇。

（8）职业生涯规划通常建立在个体的人生规划上，因此，做好职业生涯规划能够将个人生活、事业与家庭联系起来，让生活充实而有条理。

（二）规划的准则

1. 择己所爱

从事一项你所喜欢的工作，工作本身就能给你一种满足感，你的职业生涯也会从此变得妙趣横生。兴趣是最好的老师，是成功之母。调查表明：兴趣与成功概率有着明显的正相关性。在设计自己的职业生涯时，务必考虑自己的特点，珍惜自己的兴趣，择己所爱，选择自己所喜欢的职业。

2. 择己所长

任何职业都要求从业者掌握一定的技能，具备一定的能力条件。而一个人一生中不能将所有技能都全部掌握。所以你必须在进行职业选择时择己所长，从而发挥出自己的优势。运用比较优势原理充分分析别人与自己，从而选择冲突较少的优势行业。

3. 择世所需

社会的需求不断演化着，旧的需求不断消失，新的需求不断产生。新的职业也不断产生，所以在设计你自己的职业生涯时，一定要分析社会需求，择世所需。最重要的是，目光要长远，能够准确预测未来行业或者职业发展方向，再做出选择。

4. 择己所利

职业是个人谋生的手段，其目的在于追求个人幸福。所以你在择业时，首先考虑的是自己的预期收益。明智的选择是在由收入、社会地位、成就感和工作付出等变量组成的函数中找出一个最大值。这就是选择职业生涯中的收益最大化原则。

通过以上的简单步骤和原则，个人就可以进行职业生涯规划了。根据不同的情况，个人可以制定一个整体生涯规划，尤其要注意的是，职业生涯规划是人生规划的主体部分，是同个人、家庭和社会生活结合在一起的，同个人追求幸福生活密不可分的。所以，制定职业生涯规划要和个人人生目标结合起来，要把职业生涯与家庭、社会生活结合起来。

（三）规划的前提

如果你的职业生涯规划目标是成为一个掌握上亿元资产公司的总经理，你就要把这个规划分成几个中等的规划，如什么时候成为一个部门的主管，什么时候成为一个部门的经理，然后再把这些规划进行进一步的细分，使它成为直接可操作的具体计划。

1. 树立正确的职业理想

职业理想在人们职业生涯设计过程中起着调节和指南作用。一个人选择什么样的职业，以及为什么选择某种职业，通常都是以其职业理想为出发点的。任何人的职业理想必然要受到社会环境、社会现实的制约。社会发展的需要是职业理想的客观依据，凡是符合社会发展需要和人民利益的职业理想都是高尚的、正确的，并具有现实的可行性。大学生的职业理想更应把个人志向与国家利益和社会需要有机地结合起来。

2. 正确进行自我分析和职业分析

首先，要通过科学认知的方法和手段，对自己的职业兴趣、气质、性格、能力等进行全面认识，清楚自己的优势与特长、劣势与不足，避免设计中的盲目性。其次，现代职业具有自身的区域性、行业性、岗位性等特点。要对该职业所在的行业现状和发展前景有比较深入的了解，如人才供给情况、平均工资状况、行业的非正式团体规范等；还要了解职业所需要的特殊能力。

3. 构建合理的知识结构

知识的积累是成才的基础和必要条件，但单纯的知识数量并不足以表明一个人真正的知识水平，人不仅要具有相当数量的知识，还必须形成合理的知识结构。没有合理的知识结构，就不能发挥其创造的才能，合理的知识结构一般指宝塔型和网络型两种。

4. 培养职业需要的实践能力

综合能力是用人单位选择人才的依据，一般来说，进入岗位的新人，应重点培养社会需要的决策能力、创造能力、社交能力、实际操作能力、组织管理能力和自我发展的终身学习能力、心理调适能力、随机应变能力等。

5. 参加有益的职业训练

职业训练包括职业技能的培训，对自我职业的适应性考核、职业意向的科学测定等。个人可以通过"三下乡"活动、大学生"百年志愿者"活动、毕业实习、校园创业及社会兼职、模拟性职业实践、职业意向测评等进行职业训练。

（四）规划的注意

1. 结合自己的性格、特长和兴趣

职业生涯能够成功发展的核心，就在于所从事的工作正是自己所擅长的。如果一个人性格内向，不善与人沟通，没有很好的交际能力，那么这个人就很难成为一名成功的管理人员。制定职业规划一定要认真分析自己的优缺点。

从事一项自己喜欢并擅长的工作会很愉快，也容易脱颖而出。这正是职业规划成功的核心所在。

2. 考虑实际情况，并具有可执行性

很多人刚开始时雄心壮志，一心想着出人头地，但是实际工作时，有时确实会存在一定的跨越，但是更多的时候却是一种积累的过程——资历的积累、经验的积累和知识的积累，所以职业生涯规划不能太过好高骛远，而要根据自己的实际情况和社会情况，一步一个脚印，层层晋升，最终方能成就梦想。

3. 职业决策必须有可持续发展性

职业决策不能够只制定一个阶段性的目标，应该是一连串的、可以贯穿自己整个职业发展生涯的远景展望。如果职业决策定的过短浅，后面又没有后续职业决策点支撑，肯定会使人丧失奋斗的热情，不利于自己长远发展。

二、规划的理论

（一）规划发展阶段

（1）探索阶段：15～24 岁。

（2）确立阶段：25～44 岁，这一阶段是大多数人工作周期中的核心部分。这一阶段包括了三个子阶段，即尝试子阶段（25～29 岁）、稳定子阶段（30～44 岁除职业中期危机阶段之外的时段），以及职业中期危机阶段（30～44 岁的某个时段）。

（3）维持阶段：45～65 岁。

（4）下降阶段：66 岁及以上，当退休临近的时候，处在不同职业发展阶段的人，应考虑不同的事情。

在探索阶段，可以多做些尝试、探索，在工作中摸索出本人的职业性向、职业锚、职业兴趣等，逐步找到最适合自己的职业。而 40 岁以上的人，就不应该做过多的尝试，而是应该认真分析本人的职业锚、职业性向，选择本人有优势的职业做长远的打算。这里的年龄阶段划分还应该针对不同的职业加以区分。例如：在中国，作为职业足球运动员，30 岁已接近退役；而作为教授，30 岁差不多是最年轻的，可以看到大学生是处在第一阶段——探索阶段。

（二）职业锚

所谓职业锚，又称职业系留点。锚，是船只停泊定位用的铁制器具。职业锚，是指当一个人不得不做出选择的时候，他无论如何都不会放弃的职业中的那种至关重要的东西或价值观。实际就是人们选择和发展自己的职业时所围绕的中心。

职业锚，也是自我意向的一个习得部分，是个人进入早期工作情境后，由习得的实际工作经验所决定，与在经验中自省的动机、价值观、才干相符合，达到自我满足和补偿的一种稳定的职业定位。职业锚强调个人能力、动机和价值观三方面的相互作用与整合。职业锚是个人同工作环境相互作用的产物，在实际工作中是不断调整的。

理解职业锚要注意以下四点。

（1）职业锚以员工习得的工作经验为基础。职业锚产生于早期职业阶段，新员工已经工作若干年，习得工作经验后，方能够选定自己稳定的长期贡献区。个人在面临各种各样的实际工作生活情境之前，不可能真切地了解自己的能力、动机和价值观及与之对应的、合适的职业选择。因此，新员工的工作经验产生、演变和发展了职业锚。换句话说，职业锚在某种程度上由员工实际工作所决定，而不只是取决于潜在的才干和动机。

（2）职业锚不是员工根据各种测试得出的能力、才干或者作业动机、价值观，而是在工作实践中，依据自身和已被证明的才干、动机、需要和价值观，现实地选择和确定的职业定位。

（3）职业锚是员工自我发展过程中的动机、需要、价值观、能力相互作用和逐步整合的结果。

（4）员工个人及其职业不是固定不变的，职业锚是个人稳定的职业贡献区和成长区，但是，这并不是意味着个人将停止变化和发展员工。以职业锚为其稳定源，可以获得该职业工作的进一步发展，以及个人生物社会生命周期和家庭生命周期的成长、变化。此外，职业锚本身也可能变化，员工在职业生涯的中后期可能会根据变化的情况，重新选定自己的职业锚。

（三）职业决策的风格

美国职业生涯专家斯科特和布鲁斯认为，决策风格是在后天的学习经验中逐渐形成的，并将决策风格划分为五种类型：理智型、直觉型、依赖型、回避型和自发型。

1. 理智型

以周全的探求和对选择的逻辑性评估为特征。理智型的决策者具备深思熟虑、理性分析、逻辑思考的特性，这类决策者会评估决策的长期效用并以事实为基础做出决策。理智型决策风格是比较受到推崇的决策方式，强调综合全面地收集信息、理智地思考和冷静地分析判断，是其他决策风格的个体需要培养的一种良好的思考习惯。但理智型的决策风格也并不是理想的、完美的决策方式，即使采用系统的、逻辑的方式，也会出现因为害怕承担决策的后果而不能整合自己和他人重要观点的困扰。

2. 直觉型

以依赖直觉和感觉为特征，比较关注内心的感受。直觉型的决策风格以自我判断为导向，在信息有限时能够快速做出决策，当发现错误时能迅速改变决策。由于以个人直觉而不是理性分析为基础，这类决策发生错误的可能性较大，因此，易造成决策不确定性，容易使直觉型决策者丧失信心。

3. 依赖型

以寻求他人的指导和建议为特征。依赖型的决策者往往不能够承担自己做决策的责任，允许他人参与决策并共同分享决策成果，会受到他人的正面评价，但也可能因为简单地模仿他人的行为导致负面的反应。依赖型的决策者需要理解生活中他人对自己的影响程度。

4. 回避型

以试图回避做出决策为特征。回避型的决策风格是一种拖延、不果断的方式。面对决策问题会产生焦虑的决策者，往往因为害怕做出错误决策而采取这样的反应。由于决策者不能够承担做决策的责任，而倾向于不考虑未来的方向，不去做准备，不知道自己的目标，也不思考，更不寻求帮助。这样的决策者更容易受到学校等支持系统的忽略。所以，这些学生需要意识到自身的决策风格及其可能造成的危害，努力调整，增强职业生涯规划的意识和动机，才能从根本上得到帮助。

5. 自发型

以渴望即刻、尽快完成决策为特征。自发型决策者往往不能够容忍决策的不确定性及由此带来的焦虑情绪，具有强烈即时性，并对快速做决策的过程有兴趣。自发型决策者常会基于一时的冲动，在缺乏深思熟虑的情况下做出决策，此类决策者通常会给人果断或过于冲动的感觉。

三、规划的方法

（一）平衡单法

决策平衡单经常被应用于问题解决和职业咨询中，用以协助咨询者系统地分析每一个可能的选项，判断分别执行各选项的利弊得失，然后依据其在利弊得失上的加权计分排定各个选项的顺序，以执行最优先或偏好的选项。

1. 主体框架

（1）自我物质方面的得失。

（2）他人物质方面的得失。

（3）自我赞许与否。

（4）社会赞许与否。

实际应用时，由于认为"自我赞许与否"和"社会赞许与否"仍显得笼统，台湾生涯辅导专家金树人将最后的两项改为"自我精神方面的得失"与"他人精神方面的得失"，就是从以"自我—他人"和"物质—精神"所构成的四个范围内来考虑，决策平衡单是用来协助决策者做出好的重大决定的，它可以帮助决策者具体地分析每一个可能的选择方案，考虑各种方案实施后的利弊得失，最后排定优先顺序，择一而行。

2. 步骤

（1）列出可能的职业选项：咨询者首先需在决策平衡单中列出有待深入评估的3～5个潜在职业选项。

（2）判断各个职业选项的利弊得失：平衡单中列出供咨询者思考的重要得失，集中于四个方面，分别是自我物质方面的得失、他人物质方面的得失、自我赞许与否（自我精神方面的得失）、社会赞许与否（他人精神方面的得失）。咨询者可依据重要的得失方面，逐一检视各个职业选项，并以"+5"至"−5"的十一点量表（+5、+4、+3、+2、+1、0、−1、−2、−3、−4、−5）来衡量各个职业选项。

（3）各项考虑因索的加权计分：咨询者在各个方面的利弊得失之间，会因自身处于不同情境而有不同的考量。因此，在详细列出各项考虑层面之后，须再进行加权计分。

（4）计算出各个职业选项的得分：咨询者须逐一计算各个职业选项"得"（正分）与"失"（负分）的加权计分与累加结果，并计算各个生涯选项的总分。

（5）排定各个职业选项的顺序：依据各职业选项在总分上的高低，排定优先次序。职业选项的优先次序即可作为咨询者职业生涯决策的依据。

（二）5W法

第一个问题"我是谁"要求对自己进行一次深刻的反思，有比较清醒的认识，能将自己的优点和缺点都一一列出来。

第二个问题"我想干什么"是对自己职业发展的心理趋向的检查。每个人在不同阶段的兴趣和目标并不完全一致，有时甚至是完全对立的，但随着年龄和经历的增长而逐渐固定，并最终锁定自己的终身理想。

第三个问题"我能干什么"则是对自己能力与潜力的全面总结。一个人职业的定位最根本的还要归结于他的能力，而他职业发展空间的大小则取决于自己的潜力。对于一个人潜力的了解应该从几个方面着手，如对事的兴趣、做事的韧力、临事的判断力，以及知识结构是否全面、能否及时更新等。

第四个问题"环境支持或允许我干什么"中的环境支持在客观方面包括本地的各种状态，比如经济发展、人才政策、企业制度、职业空间等；在人为主观方面包括同事关系、领导态度、亲戚关系等，两方面的因素应该综合起来看。有时我们在职业选择时常常忽视主观方面的东西，没有将一切有利于自己发展的因素调动起来，从而影响了自己的职业切入点。而在国外，通过同事、熟人的引荐找到工作是最正常也是最容易的，当然我们应该知道这和一些不正常的"走后门"等歪门邪道有着本质的区别。这种区别就是这里的环境支持是建立在自己的能力之上的，明晰了前面四个问题，就会从各个问题中找到对实现有关职业目标有利和不利的条件，列出不利条件最少的、自己想做而且又能够做的职业目标，那么第五个问题有关"自己最终的职业目标是什么"自然就有了一个清楚明了的框架。最后，将自我职业生涯规划列出来，建立形成个人发展计划书档案，通过系统的学习、培训，实现就业理想目标。例如，从技术员做起，在此基础上努力熟悉业务领域，提高能力，最终达到技术工程师的理想生涯口标；预测工作范围的变化情况、不同工作对自己的要求及应对措施；预测可能出现的竞争及如何相处与应对，分析自我提高的可靠途径；如果发展过程中出现偏差，如果工作不适应或被解聘，如何改变职业方向。

（三）SWOT 分析法

SWOT 分析法又称为态势分析法，它是由旧金山大学的管理学教授韦里克于 20 世纪 80 年代初提出来的，SWOT 四个英文字母分别代表：优势、劣势、机会和威胁。所谓 SWOT 分析，是先将与研究对象密切相关的各种主要内部优势、劣势、机会、威胁等，通过调查列举出来，并依照矩阵形式排列，然后用系统分析的思想，把各种因素相互匹配起来加以分析，从中得出一系列相应的结论，而结论通常带有一定的决策性。通过 SWOT 分析法，个体能够更准确地进行自我评估，更清晰地认识自己的生涯规划，从而能就社会就业市场的状况和个人的情况做出最佳的决策。

运用 SWOT 分析法进行职业生涯决策一般有以下两个步骤。

1. 构建个体的 SWOT 矩阵

个体通过与他人进行比较，考察自己周围的职业环境，认清自身的优势和劣势，以及周围职业环境的机会和威胁，就可以构建出自身的 SWOT 矩阵。

2. 定量的 SWOT 分析

给 SWOT 矩阵中每个维度的每一项因素配以权重，并根据权重进行定量分析。对于不同的职业，个体的每一项优势、劣势、机会和威胁对其的影响程度是不同的，我们在进行 SWOT 分析时，如果只考虑到每项因素的大致影响的话，那么随着分析项目的增加，可能这种分析就无法得出客观真实的结果，个体也很难分出自己相对于其他竞争对手在进行新的职业选择时是否具有比较优势。所以，只有根据当时当地的人才市场的具体情况，用数量化的方式把个人优势、机会结合起来与劣势、威胁相比较，才能够清晰地分析出自己选择这项职业是否比他人具有优势，从而才能做出最优的职业决策。

（四）决策树法

决策树法利用了概率论的原理，并且利用一种树形图作为分析工具。其基本原理是用决策点代表决策问题，用方案分支代表可供选择的方案，用概率分支代表方案可能出现的各种结果，经过对各种方案在各种结果条件下损益值的计算比较，为决策者提供决策依据。

决策树法是常用的风险分析决策方法。该方法是用树形图来描述各方案在未来收益的计算比较及选择的方法，其决策是以期望值为标准的，人们在未来可能会遇到好几种不同的情况，每种情况均有出现的可能，人们目前无法确定，但是可以根据以前的资料来推断各种自然状态出现的概率。在这样的条件下，人们设计的各种方案在未来的经济效果只能是考虑到各种自然状态出现的概率的期望值，与未来的实际收益不会完全相等。

如果一个决策树只在树的根部有一决策点，则称为单级决策；若一个决策不仅在树的根部有决策点，而且在树的中间也有决策点，则称为多级决策。

决策树法可以为职业犹豫者做职业决策提供有效的帮助。

第三节　自我职业生涯管理与发展

一、生涯管理

自我职业生涯管理也称个人职业生涯管理，是以实现个人发展成就最大化为目的的，通过对个人兴趣、能力和个人发展目标的有效管理实现个人的发展愿望，即在组织环境中，由员工自己主动实施的、用于提升个人竞争力的一系列方法和措施。自我职业生涯管理，对于个人来说，关系到个人的生存质量和发展机会；对于组织来说，关系到保持员工的竞争力。

（一）阶段

1. 成长阶段

成长阶段大体上可以界定在从一个人出生到 14 岁这一年龄段上。在这一阶段，个人通过对家庭成员、朋友和老师的认同，以及他们之间的相互作用，逐渐建立起了自我的概念。

2. 探索阶段

15～24 岁这一阶段，每一个人将认真地探索各种可能的职业选择。他们试图将自己的职业选择与他们对职业的了解，以及通过学校教育、休闲活动和个人工作等途径所获得的个人兴趣和能力匹配起来。处于这一阶段的人，还必须根据来自各种职业选择的可靠信息来做出相应的教育决策。

3. 确立阶段

25～44 岁这一阶段属于职业生涯的前期阶段，这一年龄段是大多数人工作生命周期中的核心部分，人们通常愿意（尤其是在专业领域）早早地就将自己锁定在某一已经选定的职业上。然而，在大多数情况下，处于这一阶段的人们仍然在不断地尝试与自己最初的职业选择所不同的各种能力和理想。通常情况下，在这一阶段的人们第一次不得不面对一个艰难的抉择，即判定自己到底需要什么，什么目标是可以达到的，以及为了达到这一目标自己需要做出多大的牺牲和努力。

维持阶段（45～55 岁）属于职业生涯的后期阶段，人们一般都已经在自己的工作领域中为自己有了一席之地，因而他们的大多数精力主要就放在保持现状和拥有这一位置上了。

4. 下降阶段

55 岁以上这一阶段，个人的健康状况和工作能力都在逐步衰退，职业生涯接近尾声。许多人都不得不面临这样一种情景：接受权力和责任减少的现实，学会接受一种新角色，学会成为年轻人的良师益友。这一阶段每个人都不可避免地要面对退休，这时，人们所面临的选择就是如何打发原来用在工作上的时间。

（二）路径

职业路径是指组织为内部员工设计的自我认知、成长和晋升的管理方案。职业路径在帮员工了解自我的同时，使组织掌握员工职业需要，以便排除障碍，帮助员工满足需要。另外，职业路径通过帮助员工胜任工作，确立组织内晋升的不同条件和程序，对员工职业发展施加影响，使员工的职业目标和计划有利于满足组织的需要。职业路径设计指明了组织内员工可能的发展方向及发展机会，组织内每一个员工可能沿着本组织的发展路径变换工作岗位。良好的职业路径设计一方面有利于组织吸收并留住最优秀的员工；另一方面能激发员工的工作兴趣，挖掘员工的工作潜能。因此，职业路径的设计对组织来讲十分重要。下面主要介绍四种职业路径设计方式，即传统职业路径、行为职业路径、横向技术路径及双重职业路径。

1. 传统职业路径

所谓传统职业路径，是一种基于过去组织内员工的实际发展道路而制定出的一种发展模式。

2. 行为职业路径

行为职业路径是一种建立在对各个工作岗位上的行为需求分析基础上的职业发展路径设计。

3. 横向技术路径

横向技术路径即组织常采取横向调动来使工作具有多样性，使员工焕发新的活力、迎接新的挑战，虽然没有加薪或晋升，但员工可以提升自己对组织的价值，也使他们自己获得了新生。

4. 双重职业路径

双重职业路径主要是用来解决某些人的困惑。他们在某一领域中具有专业技能，既不期望在自己的业务领域内长期从事专业工作，又不希望随着职业的发展而离开自己的专业领域。

（三）趋向

1. 实际性向

具有这种性向的人会被吸引去从事那些包含着体力活动并且需要一定的技巧和协调能力才能承担的职业。这些职业的例子有森林工人、耕作工人及农场主等。

2. 调研性向

具有这种性向的人会被吸引去从事那些包含着较多认识活动（如思考、组织、理解等）的职业，而不是那些主要以感知活动（如感觉、反应或人际沟通、情感等）为主要内容的职业。这种职业的例子有生物学家、化学家及大学教授等。

3. 社会性向

具有这种性向的人会被吸引去从事那些包含大量人际交往内容的职业，而不是那些包含着大量智力活动或体力活动的职业。这种职业的例子有诊所的心理医生、外交工作者、社会工作者等。

4. 常规性向

具有这种性向的人会被吸引去从中那些包含大量结构性的且规律较为固定的活动的职业。在这些职业中，雇员个人的需要往往要服从于组织的需要，这种职业的例子有会计、银行职员等。

5. 企业性向

具有这种性向的人会被吸引去从事那些包含大量以影响他人为目的语言活动的职业这种职业的例子有管理人员、律师、公共关系管理者等。

6. 艺术性向

具有这种性向的人会被吸引去从事那些包含大量的自我表现、艺术创造、情感表达及个性化活动的职业，这种职业的例子有艺术家、广告制作者等。

二、生涯发展

大学生职业生涯发展的核心就是要学会根据个人需要和现实变化，不断调整职业发展目标与计划。

计划赶不上变化，对于自己碰到的问题和环境，需要及时调整发展规划，一成不变的发展计划有时形同虚设。

根据职业方向选择一个对自己有利的职业和得以实现自我价值的单位，是每个大学生的美好愿望，也是他们实现自我的基础，但这一步的迈出要相当慎重。就人生第一个职业而言，它往往不仅是一份单纯的工作，更重要的是它会使你初步了解职业、认识社会，一定意义上它是你的职业启蒙老师。人生成功的秘密在于，机会来临时，你已经准备好了！机遇对于任何人来说都是平等的，千万别在机遇面前说抱歉。

在职场当中，常会遇到以下两种情形。一种是自然顺势的发展，就是当职业符合自己的个人意愿时，在完成职业的要求中熟能生巧，自然而然地达到一个更高的境界。比如，一个爱好写作的人应聘到一家报社做记者，时间一长，顺理成章地就成了一名作家，甚至是较有影响力的作家。另一种则是人为努力的发展，就是当职业并不符合自己的个人意愿但无法转行时，在履职过程中渐渐培养起对现行职业的热爱，由此积累经验，竟然获得了意外的成功。比如，一个爱好写作的人被录用到一家企业搞营销，一开始很不适应，但却无法转行，只好慢慢地去适应、习惯，居然渐渐地对营销产生了浓厚的兴趣，终于成为一代营销大师。

因为时代在不断发展进步，职场在变化，社会需求在变化，我们自身素质与能力也在变化，所以生涯的规划也在随之调整。作为现代大学生一定要学会与时俱进，才能跟得上时代的步伐，不断进步与发展。

第四章
职业生涯规划的自我认识及其测量研究

第一节 能力及测量

一、能力的定义

能力是指人们能顺利地完成某种活动所必须拥有的个性心理特征。能力在促使活动顺利完成的同时对活动效率有着直接的影响。在现实生活中，有些人擅长体育运动，有些人精通音乐，有些人具有很好的记忆力，有些人具有较强的创新能力等。这些特征就是我们所说的体现在每个人身上的能力。

能力包含两重内涵：实际能力和心理潜能。已经表现出来的实际能力，可以用仪器、工具测量出来；尚未表现出来的心理潜在能力，通过训练或者学习以后有可能发展起来。我们所说的能力同时包含以上两个方面的内容。

二、能力与智力

虽然在心理学界中，智力一词一直以来都备受关注，但是关于智力，到目前还没有出现统一的定义，很多学者从不同的角度出发阐明智力的涵义。有学者认为智力就是抽象思维能力，例如：比奈提出智力就是透彻的理解、适当的推理、正确的判断能力；特曼提出，一个人的智力与抽象思维能力成正比。有学者提出，智力就是学习能力，学习成绩显示智力水平。布朗综合智力的抽象思维能力和学习能力定义，提出智力是学习能力、推理、应对新情境和保持知识的能力。在我国，大多数心理学家提出，智力是一种概括和抽象的综合能力，即记忆力、想象能力、观察力、思维能力的综合，其核心是抽象概括能力，创造能力是智力的高级表现。

对于能力、智力两者的关系，国内外学者们的看法也不一致，但主要有以下三种观点：（1）能力包含智力。智力是能力的一种，即认知能力，在前苏联和我国的心理学教材中，大多支持这一观点；（2）智力包含能力。大多数西方心理学家支持这一观点；（3）能力相对独立论，能力和智力是相互区别又相互联系的概念。能力侧重于活动，智力侧重于认知；能力主要解决"能与不能"的问题，智力主要涉及"知与不知"的问题。虽然能力和智力有一定的区别，但在很多情形下还是可以互用的。

三、能力与知识、技能

能力与技能、知识三者之间既有联系，又有区别。一方面，能力与技能、知识相辅相成、相互联系；另一方面，知识、技能与能力因所属范畴和现象的不同而又相互区别。

知识是人类社会历史经验的概括和总结。知识既是个体心理活动的对象和内容，又是个体心理活动的结果，当它以思想观念等形式被个体认识时，就变成了个体意识和个体的知识系统，影响人们去完成改造现实的某些活动；能力是为了成功完成活动而在个体身上稳定地表现出来的心理特征。知识不等于能力，但是，在掌握知识和对知识材料进行加工的心理活动过程中，则离不开能力。例如，学习和掌握数学公式及其推导过程，是属于知识范畴，而决定这个推导过程的概括、分析活动的身心条件则属于能力范畴。

能力与技能不同。技能是一种通过训练而巩固的自动化的活动方式。它是通过行动方式的形式被人们所掌握，而能力是针对进行活动的可能性而言的。通常情况下，知识的掌握有助于技能的形成，而知识的掌握和技能形成，又能促进和推动能力的发展。从掌握的速度来看，知识、技能的掌握较快，而能力则要以多方面的知识和技能为基础，并经过反复多次的练习才能形成。

能力与知识、技能是相辅相成、紧密相连的。首先，能力是在知识和技能的掌握过程当中形成和发展起来的，知识积累越多，技能学习越强，就越有利于促进能力的发展，知识、技能是能力形成与发展的基石。如果一个人缺乏必要的、基本的知识和技能，就会对其能力的发展造成巨大的障碍。其次，知识、技能的掌握又是以一定的能力作为前提条件的；能力是掌握知识、技能的一种主观条件，直接影响人们掌握知识、技能的快慢、难易，并决定知识、技能的熟练程度。

四、能力的分类

能力与活动密切相关，不同的活动领域对人们提出了不同的能力要求。例如，艺术活动要求参与者具有创造力，市场调查活动要求参与者具有归纳推理能力，飞行活动要求机师具有较强的空间视知觉能力等，我们可以将能力根据不同的标准进行分类。

（一）一般能力和特殊能力

一般能力是指在很多种基本活动中表现出来的能力，是每一个个体完成一切活动都必须具备的共同能力，主要包括语言能力、思维能力、记忆能力、想象能力和操作能力。一般能力通常也被称为"智力"。

特殊能力是指出现在某种专业活动中的能力，它只适用于某种狭窄的活动范围，如语言能力、色彩鉴别能力、节奏感受能力等其他专业技术能力。

一般能力与特殊能力是辩证统一的，一般能力在某种专业活动中得到了特殊的发展，就有可能发展成为特殊能力的组成部分。例如，一个具有一般的思维能力的人长期在数学领域发展，并不断地把这种一般的思维能力运用到实践中，那么，这种一般的思维能力就极有可能发展成为特殊的计算能力；而在特殊能力得到发展的同时，也会促进一般能力发展。这就是为什么许多成功人士除了在本领域工作出色以外，在其他方面也常常表现得很好。

（二）基本能力和综合能力

基本能力是指某些单因素能力，即主要在大脑某一种功能完成的心理活动中体现出来的能力，如感知、记忆、思维、肌肉运动等能力。

综合能力是指在由许多基本能力分工协作完成的活动中表现出来的能力，如数学能力、音乐能力、管理能力等，这些都是由基本能力结合而成的综合能力。

（三）模仿能力和创造能力

模仿能力是指通过观察别人的行为、活动来学习各种技能，并以同样的方式做出反应的能力。模仿分为正模仿和反模仿，正模仿即复制他人的行为，反模仿即不复制他人的行为；模仿也可以分为即时模仿和延迟模仿，即时模仿指立即模仿他人的行为，延迟模仿是指在观察学习后并不立即模仿，待时机成熟时再做出反应。

创造能力是指形成新思想和制造新产品的能力，具有创造力的人能超越具体知觉情景的限制，摆脱传统观念、思维定势和习惯思维的束缚，独具慧眼，能发现事物的新性质和新关系，发现新原理，提出新理论，发明新产品。

模仿能力和创造能力是两种不同的能力。动物具有模仿能力，但不具有创造能力。人的模仿能力和创造能力有显著的个体差异，有人擅长模仿，但创造力较差；有人既擅长模仿，又擅长创造。但模仿能力和创造能力也有密切关系，模仿可以分为机械模仿和创造性模仿，创造性模仿中既有模仿也有创新。模仿也是创造力发展中的必要步骤，人们往往先学会模仿，然后才会创造。科学上的发现和创造，绝大多数是在他人工作的基础上进行的；书法爱好者开始时也必须经过临摹阶段，经过长期练习才逐渐形成个人风格。

（四）认识能力、操作能力和社交能力

根据能力的不同功能，可以将能力分为社交能力、操作能力和认识能力。

认识能力是指与认识有关的能力，如思维能力、感知能力、记忆能力等，是人们完成各种活动的最基本、最主要的心理条件。

操作能力指实际活动能力，如体育运动、机械操作等，是人们为了适应或改变环境条件，有意识地调节自己外部动作的能力，是掌握和施展技能所必须具备的心理条件。

社交能力是指参与社交活动的能力，是人们在社会群体活动中，与他人保持协调关系所不可缺少的心理条件，是以认识能力为核心的多种能力的有机结合。

认识能力、操作能力和社交能力是相互联系的，在操作活动和社会交往中，人们不断地认识客观世界和主观世界，提高认识能力；反过来，人们又依靠他们对客观世界和主观世界的认识，调节自己的操作活动和社会交往，提升实践效率并增强对社会环境的适应力。

五、能力理论

能力是结构复杂的心理特征，研究能力的组成结构，分析能力的组成因素对深入理解能力的本质，合理设计能力测量的手段，以及科学地制定能力培养原则是十分必要的。由于能力是一个特别复杂的心理特征，研究者们对能力的结构有着不一样的认识，因而出现了许多差异性的理论。下面我们介绍四种主要的能力结构理论。

（一）"双因素结构"理论

在 20 世纪初英国心理学家斯皮尔曼运用因素分析法对智力问题进行了研究，并于 1904 年提出了能力的双因素结构理论。

双因素结构理论提出，能力具有两种因素：一种为一般因素（G 因素）；另一种为特殊因素（S 因素）个体完成全部活动都需要这两种因素的参与。其中一般因素是能力结构的关键和基础。斯皮尔曼认为，人的一般能力是得自先天遗传，主要表现在普通活动上，从而显示个人能力的高低；S 因素代表的特殊因素，只与特殊领域活动有关，是个人在某方面表现（如飞行）异于别人的能力。通常而言，各种能力测验就是通过广泛取样而求出 G 因素。

（二）"群因素结构"理论

群因素结构理论是美国心理学家瑟斯顿提出的，根据对世纪能力测验分数进行因素分析的结果，瑟斯顿发现，在能力结构中并无像斯皮尔曼所说的一般因素，而且也未发现特殊因素。按照瑟斯顿的分析结构，他提出能力是由很多相互没有关系的原始能力组成的，而且大部分能力可以分解为七种原始的因素，具体如下。

（1）语词理解（V）：了解语词意义的能力。

（2）语词流畅（W）：正确而迅速地拼字和词义联想的能力。

（3）计算（N）：迅速而正确地解决数学问题的能力。

（4）空间关系（S）：运用感知经验准确判断空间方向及各种空间关系的能力。

（5）记忆（M）：对事物强记的能力及将两事联结的机械记忆能力。

（6）知觉速度（P）：迅速观察、判断事物异同的能力。

（7）一般推理（R）：根据经验能做出归纳推理的能力。

瑟斯顿对所有因素全部都设计了测试的内容和方法，然而实验的结果同他设想的相悖，所有能力与其他各种能力都有正相关，这说明各种能力因素并不是绝对割裂的，而是可以找到一般的因素。瑟斯顿根据因素分析的结果来界定智力，他在这七种基本能力的基础上编制的智力测验，称为基本心能测验。

（三）"智慧结构"理论

智慧结构论是美国心理学家吉尔福特提出的一种智力理论。智慧结构论认为，人类的智力乃是思维的表现，而思考的整个心理活动中，则包含了三个心理维度：思考的内容、运作及思考的产物。由此三个心理维度组成一个立体结构，即为智力结构。

思考的内容在性质上属于引起思维的刺激，思维内容的刺激在性质上分别属于符号、形状、行为、语义四大类，在后来的各种解释中，则将原来属于形状的一类刺激，扩大为视觉与听觉两类，使思考中由四类刺激变成了五类刺激。

思考的结果在性质上属于体现思维的反应，而反应方式又包含单位、关系、系统、转换、类别和应用六种方式。

思考运作过程介于刺激反应之间，不能直接观察，可以分为认知、评价、记忆、集中思维和发散思维五种。

将三个维度的交互关系，用长、宽、高三个维度的立体计量方式表现时，人类的智力结构中包括了 150 种不同的能力。在智慧结构理论中，智力在形式上虽包含三个维度，但只有思考运作实际上真正代表个体的智力高低。在思考运作中，吉尔福特所列的集中思维与发散思维两个概念，引起以后心理学家们的广泛注意，因此启动了很多研究。所谓集中思维是指个体在解决问题时，总是通过已有知识，遵循以往的逻辑规则去求取唯一的正确答案。在学校中的知识学习及智力测验考核的智力，均属集中思维能力，所谓发散思维是指个体通过思考来解决问题时，针对特殊情境的问题，可以同时想到很多个可能解决问题的方式，不囿于单一的答案或者钻牛角尖式的探求。像这种超越既有知识又不一定遵循以往经验的思考方法，通常称为创造，一般认为创造性要求智商最低限度在 120 左右。

（四）"能力层次结构"理论

英国心理学家弗农提出能力层次结构理论，他把斯皮尔曼的一般能力因素作为最高层次，在这个最高层次之下包含了两大因素群，即操作和机械方面的能力因素、言语和教育方面的能力因素；第三层是小因素群；第四层是特殊因素。由此可以看出，弗农的能力层次结构理论只是对斯皮尔曼的二因素理论做了更进一步深化。

弗农在 G 因素和 S 因素之间增加了大因素群和小因素群两个层次，弗农的能力层次结构模型又是能力层次结构理论的先导，他把大因素群分为操作和机械方面的能力因素、言语和教育方面的能力因素，在一定程度上得到了当代脑科学研究成果的支持。当代脑科学研究发现，大脑左半球以言语机能为主，右半球以空间图像感知机能为主。

六、能力的测量

人的能力是在人类活动中显现和发展的，能力的高低也可通过人的客观活动加以测量，以各种量表测量一个人能力的方式，称为能力的测量。能力测量是心理学应用于社会，服务于人类的具体表现。

能力测量有很多种：一般能力测量和特殊能力测量、个人测量和团体测量、文字测量和非文字测量等。通常来说，能力测量包括智力测量、特殊能力测量和创造力测量。

（一）智力测量

智力测量即一般能力测量，它是用来测量人智力水平的一种方法，测量智力的工具称为智力量表。由于一个人智力的高低一般用智力商数（简称智商）来表示，所以智力测量又称为智商测量。智力测量的目的在于测量智力的高低，辨别智力的发展水平。

1. 斯坦福–比奈量表

世界上第一个智力测验量表是比奈和西蒙在 1905 年编制的，其最初是为了鉴别低能儿，该量表叫做比奈-西蒙量表，美国斯坦福大学特曼于 1916 年发表了经过修订的比奈-西蒙量表，并将其称为斯坦福-比奈量表。该量表在 1937 年、1960 年和 1972 年进行过多次修订，同时也被英、德、日、意等国的心理学家翻译成本国文字，并根据自己的国情加以修订。我国学者也曾对此量表做过多次修订，使之适合于中国人使用。吴天敏于 1982 年修订的《中国比奈测验》共51 题，适用于 2～18 岁人群。

智力测验的结果最初是用能力年龄或心理年龄来表示的，儿童最高能通过几岁组的项目就表示他的智力年龄是几岁。为了方便比较不同年龄段儿童的智力，有学者提出心理商数概念。这一概念被推广使用并称为智商。斯坦福-比奈智力测验中的智商是智力年龄与实际年龄之比，也称为比率智商，计算公式如下：

$$IQ（智商）= MA（智力年龄）/CA（实际年龄）\times 100$$

比率智商是假定智龄随实际年龄一起增长为基础的，但其实智力并不是随年龄比例上升。特曼认为，达到 16 岁智力就停止发展了，如果继续用不再增长的智力年龄与继续增长的实际年龄相比，求得的 IQ 就会下降。

比奈用智龄来表示人的智力水平，真实情况下单凭智龄无法正确反映单独个体的智力水平。具有同样智龄的儿童，由于实际年龄不同，所代表的聪明程度是不同的，鉴于以上情况，计算 IQ 的方法就具有非常大的局限性。

IQ 作为智力年龄与实际年龄的比值，当其值为 100 的时候，就表示一个人的智力处于中等水平。

2. 韦克斯勒智力量表

韦克斯勒智力量表是美国著名医学心理学家韦克斯勒开发的，该量表分为三种：韦氏学前儿童智力量表，用以评定 4～6 岁半儿童的智力；韦氏儿童智力量表，评定 6～16 岁儿童的智力；韦氏成人智力量表，评定 16 岁以上成人的智力。这样，整套韦氏智力测验可运用于幼儿到老年，是一套相对完整的、覆盖各个年龄段的有代表性的智力量表。

韦氏量表的重要特点是，它废除了能力年龄这个概念，保留了智商概念。但在韦氏量表中的智商已经不再是以往意义上的那种比率智商了，而是离差智商。离差智商以能力的正态分布曲线为基础，将人们的智商看作平均数为 100、标准差为 15 的正态分布，它表明被试的分数相对处于同年龄标准化样组的均数

之上或之下有多远，即以离差大小表明能力高低，离差大、且为正数者智商高，离差小、且为负数者智商低。其计算公式为

$$离差智商 = 100 + 15Z = 100 + 15(X - M)/S$$

其中，X 为某人实得分数，M 为某人所在年龄组的平均分数，S 为该年龄组分数的标准差；Z 表示标准分数，其值等于被测人实得分数减去同龄人平均分数，除以该年龄组的标准差。

离差智商克服了比率智商的不足，不会再由于一个人的能力年龄与实际年龄的不同步增长，而出现年龄越大，智商越低的现象。

目前，斯坦福–比奈量表与韦克斯勒量表都是成熟的、且影响很大的量表，不过，两者都属于个别测验，个别测验费时较多，不适合于大规模的测验，所以后来又编制出了团体能力测验量表。

第二节　人格及测量

一、人格的定义

人格一词来源于希腊语"persona"，本来是指演员在舞台上表演所戴的面具，后来被心理学家借用来阐释每个人在人生舞台上扮演的不同角色及其与他人不同的精神风貌。史书上，不同的学者从不同的角度对人格做出了不同的界定。比较具有代表性的人格界定是普汶的观点，他认为人格是为个体的生活提供导向和模式的认知、行为和情感的复杂组织。这种定义有三个方面的含义：个人整体的机能系统；认知、行为和情感间复杂的相互作用；时间在个人身上的连续性。

有的学者把人格定义为个人行为的全部品质；有的学者把人格认定为是持久的、主观感受到的自我；有的学者提出人格是个体特质的特别形式。大多数心理学家认为，人格是一个人特有的、相对稳定的行为方式。人格是由每个人所具有的能力、需求、情绪、动机、兴趣、态度、气质、性格、价值观和体制等方面以独特的方式结合的产物，具有自我的动力一致性和连续性，换言之，一个人过去的样子决定了他现在和将来的样子，人格决定了这种一贯性。

在本书中，我们认为人格是一种相对稳定和独特的心理行为模式，是个体

在遗传因素的基础上，通过与后天环境的相互作用而形成的。这一定义有如下4层含义。第一，人格不是生而有之的，而是在先天遗传素质的基础上，通过与后天环境相互作用而逐渐形成的。第二，人格是个体的心理行为模式，即人格是由内在的心理特征与外部行为方式构成的，它不仅是个体单一的心理特征或行为方式，而且是这些个体心理特征和行为方式相互联系形成的一个组织和层次结构的模型。第三，人格有独特的心理行为模式，每个人的人格都是独特的，这种独特性不单表现在某些个别的心理或行为特征上，而是更主要的表现在整个模式上，这样将人与人相互区别开来。第四，人格有相对稳定的心理行为模式，个体的人格及其特征在时间上具有前后一致性，空间上具有一定的普遍性。

除了人格之外，人们生活中还会经常听到一个类似的词汇——个性。在研究领域，个性的使用范畴已经超越了日常概念的界定，甚至在很多研究中变成了人格的代名词和同义语，国内许多学者通常都将人格和个性不加细分。

关于人格的内容，不同的学者从不同角度进行了不同的划分。比较有代表性的划分是将人格的内容划分为气质、性格和能力三个方面，另外再加上动机、信念、价值观等内容。

二、个性（人格）与性格、气质

当我们说某人"很有个性的时候"，实际上是在做出一种肯定的评价，指的是此人具有某些良好的品质。在不同文化里，被认为是值得提倡的良好性格可能有所不同，例如，在美国文化里，那些富有魅力、友善、好交际的人被认为是有性格特点的人；但是，在某些文化里，人们会认为凶悍、好战、野蛮是值得提倡的性格特征。但是不论在哪一种文化中，每个人都有其个性，同时，一个人在某种文化中可能被认为是有性格的人，而在另一种文化中被认为是没有性格的人。因此，个性与性格并不是同义的。

个性与气质也不是同义的。气质是形成个性或人格的"原料之一"，是人格的先天遗传成分，气质决定着一个人的反应敏感度、活动水平、心境、可塑性和适应性。即使是新生婴儿，他们在气质上也存在着差别。

三、人格的基本特征

虽然关于人格的界定不同的学者由于出发点和研究视角的不同而意见不统

一，但是对人格的基本特征，大多数学者都认同人格具有整体性、稳定性、独特性和社会性。

（一）人格的整体性

人格不是单一的特质，也不是多个单一特质或特征的简单加总，而是多个心理和行为特征之间相互密切联系的一个有机组织。各特征之间的协调整合保证了我们与外界的和谐相处、保证了个体自身的健康完整，同时又是自身发展的前提。一旦这些特征之间出现了断裂，不仅特征间无法实现整合，而且也无法将外界经验整合到自身的人格结构之中。精神分裂症就是极端的代表。

（二）人格的稳定性

"江山易改，本性难移"，说的就是人格稳定性的一个方面，即时间前后一贯性；人格稳定性另一方面表现为空间上的一定的普遍性，也称为跨情境的一致性，即个体的行为在类似的情境中会有一致的表现。当然，人格的稳定性是相对的，个体的人格会受到重要事件的影响，出现部分人格特征的改变甚至整个人格结构的改变，具有一定的可变性。

（三）人格的独特性

人格的独特性不仅体现在每个人人格特质的数量、组合方式上，还体现在每种特质的表现方式上，即使是双胞胎，他们的人格特质也不会完全相同。人格的形成和发展是遗传与后天环境多种因素共同影响的结果，每个人所面对的这些因素及其相互关系都不可能完全相同。

（四）人格的社会性

当人出生时只是一个生物学意义上的个体，与其他动物并无本质上的区别。这时人与人之间的差异性纯粹是生物学的或遗传学的。但出生就意味着从一个简单的生理环境进入到了一个复杂的社会环境之中，要掌握所处社会的行为道德规范、价值观念、信念体系、社会风俗等，这种社会化过程在已有的生理基础上赋予了人格更充分的内涵。

四、人格理论

每一种人格理论都是从不同的角度揭示了人格的内涵，由于学者们研究的角度不同，关于人格概念、假设、观点和原则等也就不完全相同。理论之间的差异使理解人格变成了一项具有挑战性的任务，但不要被迷惑，尽管很多理论之间并不协调，甚至是相对的，但是要记住人格是一个复杂的具有多面性的主题。我们接下来介绍的几种理论观点与其说是对立的，不如说是相互补充的，每一种理论都能为我们揭晓人格的一部分真谛，多种理论整合在一起，我们才能够看到完整的人格。

（一）精神分析人格理论

西蒙格·弗洛伊德是 20 世纪最有影响力的思想家之一，他把人看作是一个能量系统，从整体上看，能量是有限的，如果以某种方式释放了能量，那么以另一种方式释放的能量就会相对减少。虽然人的行为多种多样，但是所有的行为都可以简化为共同的能量形式，并且人类的所有行为都是按照快乐原则行事的，即寻求紧张的减弱或能量的释放。弗洛伊德把人看作和其他动物一样是受本能所驱动的。各种本能可以归结为两种，即生的本能和死的本能。即所谓生的本能是指一切与保存生命有关的本能；死的本能驱使人回到有生命之前的无机物状态。由死的本能衍生出的最关键的本能是攻击。弗洛伊德认为，攻击是针对外部对象而不是针对自身的一种自我灭亡的需要。

1. 人格结构

弗洛伊德理论中的人格也称为精神或心理生活，其中他把精神分为潜意识、前意识和意识，把心理生活划分为本我、自我和超我。

（1）潜意识、前意识和意识

意识是个人当前感知到的心理内容，人的心理就像漂浮在海上的冰山，一部分露在水面上，是各种意识到的心理活动。而藏在海水底下无法意识到的绝大部分属于潜意识领域，潜意识是个人不可能觉察的心理现象，但它对个人的思想和行为影响极大。潜意识是人的精神机构中最简单、最初级、最朴素、最基本的因素，也是一种被压抑的强大的内驱力，具有一种努力进入意识状态的冲动。意识的内容是不断改变的,有些意识是从外部世界得来的,而大多数都是从前意识升上来的。前意识是我们加以注意便能觉察到的心理内容,它主要通过自由联想而使我们能够意识到潜意识的内容。

（2）本我、自我和超我

根据弗洛伊德的理论,本我是由先天的生物本能和欲望组成的,以追求非理性的、冲动性的和无意识的自我满足为目标进行活动。本我遵循的是快乐原则,即要求自由表达寻求快乐的各种欲望,本我为人的整个精神和人格的活动提供能量,这种能量叫做力比多,来源于生存本能,力比多决定了人的生存愿望,即一种潜在的满足性欲的愿望,人追求快乐的一切形式都是这种愿望的表达方式。与生存本能同时存在的,还有破坏本能,这种本能表现为对他人的攻击行为和破坏的欲望。在大多数情况下,个体会通过非破坏性的形式释放本我的能量,缓解由于性冲动或攻击冲动造成的内部压力。

弗洛伊德认为自我这一人格结构是用来应对现实要求的,他认为,自我遵守现实原则。它会在遵守社会规则的前提下,让个体获得快乐。大部分人都能认识到,我们的性和攻击不能无限制地表达出来。自我帮助我们了解现实,在不导致麻烦或伤害别人的情况下,最大限度地表达自己的冲动。自我是思考、计划、问题解决和决策的系统,是在人格的意识部分控制之下发生作用的。本我按照快乐原则行事,而自我则按照现实原则行事。因此,在本我的要求下不符合实际或不合时宜的情况下,自我会对这种冲动进行控制,将行动拖延,直到认为它适宜时再行动。

超我是人格中的道德部分。超我对于自我的思想和行动都起着判断和监察的作用。超我的一部分称为良心,反映着一个人的道德标准;超我的另一部分称为自我理想,反映着一个人在幼年时受到父母赞扬或奖赏的那些行为。自我理想是一个人的目标和抱负的源泉,当这种标准一旦被达到时,就会感到自豪。与本我一样,超我也不考虑现实,它只考虑本我冲动是否符合道德标准。

超我以一种"内化的道德标准"形式控制着人的行为。根据弗洛伊德的理论,一个缺乏控制力的超我可能使一个人成为不良少年、罪犯,或形成反社会人格,而一个过度严格的超我则可能使人产生压抑感或难以承受的内疚感。

2. 人格的动力

弗洛伊德把人看作是一个复杂的能量系统，该系统的能量源泉均来自于本能。而本能总是寻求立即解除紧张，求得满足和快乐。但是现实世界不可能让本能立即获得满足，因而便产生了焦虑。弗洛伊德认为人格动力过程的核心概念是本能和焦虑。

（1）本能

弗洛伊德认为本能是来自生物体内部的一种固有的驱力，并通过心理器官决定着人的身心活动的态势，本能是人的所有活动的最终原因。关于本能的性质，归纳起来有三层含义：本能是精神结构中固有的动力能量；这种动力来自于生物体内部，源于肉体组织；它表现为一种"肉体欲求"，这种"肉体欲求"是作用于心灵时所表现的力。

（2）焦虑

弗洛伊德认为，婴儿从母体脱离开来，使婴儿从一个非常熟悉与满意的环境突然进入一个相对陌生的环境，是人类体验到焦虑的来源。焦虑是一种由紧张、不安、忧虑、惊恐等感受交织在一起的情绪体验。焦虑分为三类：现实性焦虑，即由现实环境中真实的、客观的危险情境所引起的情绪反应；神经性焦虑，即担心本我的冲动会战胜自我时所引起的恐惧感；道德性焦虑，即个人良心上的焦虑所产生的罪恶感和羞耻感。道德性焦虑是个人害怕做违背超我的事情而产生的痛苦的体验。

（3）自我防御机制

自我防御机制是指一些为保护自我免受冲突、内疚或焦虑之苦而产生的潜意识反应，防御机制有多种方式，如压抑、否认、替代、升华作用、投射作用、合理化作用、反向作用、固着作用、退化作用等。所有的自我防御机制一般都具有以下两个特点：它们是潜意识的，即个人通常是不知不觉地加以运用；它们都是伪造的或歪曲现实的，以防止本我的冲动。

3. 人格的发展

弗洛伊德认为，人格的发展有五个阶段，在每一个发展阶段中，我们身体上某部分感受到的快乐要多于其他部分，弗洛伊德把身体获得快感最强的那部分称为性敏感区，以此作为区分特定发展阶段的标志。人格发展的五个阶段具体内容如下。

（1）口腔期（0～18个月）

口腔期分初期和晚期，口腔初期（不满8个月），快感主要来自嘴唇与舌的吮吸和吞咽活动，一个固着在口腔初期的成年人会从事大量的口腔活动，如沉溺于吃、喝、抽烟及对爱情、知识、金钱、权力和财产的贪婪；在口腔晚期，快感主要来自咬和吞嚼等活动，一个固着在口腔晚期的成年人会咬指甲、贪吃，以及出现与撕咬相类似的行为，如挖苦、讽刺与嘲弄他人。

（2）肛门期（18～36个月）

儿童最大的快感来自于肛门或与之相关的排泄功能。在这一时期，幼儿应当学会控制排泄过程，使之符合社会的要求，因此，排便训练便成为这一时期的关键。弗洛伊德认为，排泄训练严格，幼儿情绪受挫折产生反向作用，就会形成过分整洁、吝啬、小气、极端守规矩、对时间和金钱严格预算及其他过分控制的行为，这种人被称为肛门滞留型性格。相反，幼儿就会形成慷慨大方、喜赠礼物、乐善好施和慈善博爱等行为，这种人称为肛门排出型性格。

（3）性器期（3～6岁）

随着儿童发现自我刺激是令人愉悦的，快感也集中在性器上了。弗洛伊德认为，性器期在人格发展中起到了非常重要的作用，在这一阶段会出现"俄狄浦斯情结"，即儿童发展出一种强烈的欲望，想要替代同性的父或母来享受异性父或母的爱情。

口腔期、肛门期和性器期合称为前生殖期，也称为自恋期。

（4）潜伏期（6岁至青春期）

儿童把所有的性需求都压抑起来，并由于超我的发展及活动范围的扩大，儿童的性欲被其他活动如学习、体育所替代，通过这一渠道，儿童把能力都释放到情绪安全的范围里，这有助于忘记性器期高压力的冲突。而且，其性欲对象也变为与其年龄相似的同性别者，并有排斥异性的倾向，这一时期也称为同性恋期。

（5）生殖期（青春期至成年）

这个阶段，性欲望再度觉醒，性快感的来源变成了家庭之外的某人。弗洛伊德认为，与父母间未解决的冲突会在青少年时期再次浮现出来，但是一旦这些冲突解决了，个体就有能力发展出作为成年人的成熟爱情关系和独立的机能。青年男子第一次严肃的爱情对象常常是一位成熟的妇女，而少女则常常是一位有威望的长者。弗洛伊德认为，潜伏期和生殖期对于人格基本结构的发展是无关紧要的。

（二）人格特质理论

特质理论认为，人格由广泛的、持久的，导致特定反应的倾向组成。所谓特质，是指人拥有的、影响行为的品质或特性，它们作为一般化的、稳定而持久的行为倾向而起作用。特质是一种潜在的倾向，使个体以相对一贯的方式对刺激做出反应。尽管关于哪些特质组成了人格，特质论者没有得出一致的结论，但他们都认为，特质是人格的基础。

1. 奥尔波特的特质理论

（1）特质的种类

奥尔波特是人格特质论的创始人，他认为，每个个体都有一系列独特的人格特质。他指出，如果我们可以确定一个人的特质，那么我们就能预测这个人在不同环境中的行为。

通过调查研究，奥尔波特定义了 4 500 多种人格特质，为了利用这些特质的各种组合方式来描述人格，他把这些特质分为三个主要类别。

首要特质是最强大的和最普遍的，当它们表现出来的时候，会主导整个人格。根据奥尔波特的理论，实际上几乎没有人拥有首要特质。我们可能会用特质来描述一些名人，例如，我们一谈到孙悟空，就想到嫉恶如仇，这就是孙悟空的首要特质，但是大多数人不能只用一个或两个特质来描述。

中心特质在数量上是有限的。奥尔波特认为，大多数人有 6～12 种中心特质，这通常足够描述他们的人格。

次要特质出现的频率较少，在理解个体人格中最不重要。它们是个体在特定情境中才会表现出来的那些人格特质，包括特定的态度和喜好。

（2）人格的动力

奥尔波特用机能主义这个概念来表达他对人格发展动力的看法。所谓机能主义是指那些独立了的动机，即这些动机与它原先赖以产生的需要已经没有了依赖关系。例如，一些儿童最开始是被迫练习书法，但后来却发展成为因为兴趣而喜欢书法。这种练习书法的动机已经与最开始的被迫而采用的手段相区别，因而成为机能主义。在奥尔波特看来，一个成年人的行为动机是变化的，他现在的行为动机不同于先前的行为动机。

（3）人格的发展

奥尔波特认为人格的各个方面都是连续的并正在组织构建之中，这就意味着，有一个人格组织机构使人格特质统一和整合成为一个整体。他把人格的组织机构命名为统我。统我是各种导向内心统一的所有方面。统我不是天生的而是后天发展成的。他认为，完善的统我在个体发展中经历了八个阶段：躯体"我"的感觉阶段、自我同一感阶段、自尊感阶段、自我扩展感阶段、自我意象感阶段、自我理智调适感阶段、统我追求显露阶段、知者自我的显露阶段。

2. 卡特尔的人格因素论

（1）人格的结构

卡特尔是人格特质论者的另一位代表人物，他的理论研究的特点是用因素来进行特质的筛选和分类。

表面特质和根源特质的区分在卡特尔的理论中占有重要的位置。表面特质是通过外部行为表现出来，能够观察得到的特质，因为直接与环境接触，所以常常会随着环境的变化而变化；根源特质是那些对人的行为具有决定意义的特质，他们隐藏在表面特质深处并制约着外部行为。科特尔推断每个个体都具有相同的根源特质，但是每个人的强度不同。

通过因素分析，卡特尔找出了 16 个根源特质，他认为这 16 种特质是描述人格时必须使用的，卡特尔提出的 16 个根源特质可通过 16 种人格因素问卷（16PF）来测量。

（2）人格的动力

卡特尔认为，动力特质是促使人朝着一定目标行动的倾向，是人格的动机因素。卡特尔对一种动机的多种测验所得的分数进行因素分析，结果发现，任一动机均由许多种不同的成分所构成。

卡特尔认为，动机包含了五种主要成分：第一是本我，表示未统合的欲望；第二是自我，表示一种成熟的成分，与现实有联系；第三是超我，表示我应该具有怎样的道德性质；第四是生理需求表达，表现在生理反应的测量和决定的快速上；第五是压抑情节，表现为生理反应强而记忆差，显示出由于某种冲突的结果而被压抑到潜意识中去了。

卡特尔还把人格的动机分为两大类：能与外能。所谓能，实际上是本能的同义词。它具有四个方面的含义：首先，它使个体产生选择性感知；其次，它能激起个体对某些事物的情绪反应；再次，它指引个体趋向有目的的行为；最后，能的结果是完成或达到这些反应，如找到食物进食。所谓外能，属于环境养成潜源特质。能和外能都是预先引起指向一定目标的动机倾向，它们的区别只在于来源的不同。前者为先天的，后者为习得的。外能又可分为情操和态度。

3. 大五人格因素

心理学家对到底是什么关键因素决定了人格一直保有相当大的兴趣。关于人格中最重要的维度的研究有很多，结果指向了很多不同的因素。大五人格因素被认为是描述人格主要维度的"超级特质"，这五个人格因素分别为开放性、责任感、外向性、宜人性和神经质。

（三）行为主义人格理论

行为主义者和社会认知观点强调环境经验和人们可观察行为在理解人格中的重要作用，他们认为，环境对人格形成起着决定作用。环境塑造人，个体会成为什么样的人，取决于他生活在什么样的环境中，而不是取决于他有什么样的遗传特征。

1. 斯金纳的行为主义人格理论

斯金纳认为人格就是个体可以观察到的、明显的行为，是由外部环境决定的；人格不包括内部特质和思维。他甚至认为，不需要理解生物学或认知过程就能解释人格（行为）。因此，我们无法知道人格在何处、如何被决定，只能观察到人们正在做什么。斯金纳的人格理论的核心是操作性条件反射和强化。斯金纳强调，如果遇到新的经验，我们的行为通常可以改变；只有当环境经验一致的时候，行为才表现出一致性；如果一种行为模式持续受到奖励，它就可能持续表现下去。

人格是个体生活经历中受到各种强化所得结果的整合，是一些反应组合而成的行为类型。在斯金纳看来，能区别人与人之间的一切重要的特殊反应均是由各种各样的操作行为组成的，而人类的行为也是由这些特殊反应组合而成的，因此，代表人格的行为组合自然也是由人们各种各样的操作行为组成的。行为主义者相信人格是习得的，会随着环境经验和情景的变化而改变，所以他们认为，通过改变环境可以改变人格。

斯金纳认为无论是正常的还是异常的人格的获得，在本质上都是相同的，都是外部强化、学习的结果，所不同的是，在异常行为的获得过程中，环境因素的影响更强烈一些。

2. 班杜拉的社会认知人格理论

一些心理学家认为，行为主义者认为的人格是习得的，并受环境经验影响巨大的观点是正确的，但是他们认为，斯金纳过于强调人的特质与理解人格无关。班杜拉认为，行为、环境和认知因素在理解人格中都很重要。

班杜拉提出了两种学习过程：直接经验学习和间接经验学习（又称观察学习），并且他认为间接经验学习是我们学习的主要方面，我们大多数行为、思想和感觉都是通过观察他人的行为获得的，这些观察形成了我们人格重要的一部分。也就是说，个体的任何人格特质，大都是经过观察学习而形成的。

在社会学习过程中，决定整个学习过程的是行为、认知和环境三者的交互作用。其中认知起着主导的作用，这也是社会认知人格理论与斯金纳行为主义人格理论的另一个不同之处。社会认知人格理论强调不管环境如何变化，我们都能调节和控制自己的行为。那些为了理想而推迟满足的人，证明了人格认知因素在决定自身行为中的重要作用。重要的是，我们有能力控制自己的行为，而不受他人的影响。在认知因素中，自我效能感、控制点及乐观都有着非常重大的意义。

自我效能感是个体能够控制情绪并产生积极结果的信念。自我效能感在令人不满意的情境中帮助人们，鼓励他们相信自己可以成功。

个体对他们行为的结果依赖于自己做了什么（内控），或者依赖于自己无法控制的外部（外控）。内控者认为，他们自身的行为和表现对发生的结果负责；外控者认为，无论他们怎样表现，都受到命运、运气等的支配。

塞里格曼把乐观看成是人们用外在的、暂时和特殊的态度来应对坏事；悲观者用内在、持久和普遍的态度来应对坏事。他认为，悲观更像习得无助和外控，乐观更像自我效能感和内控。

（四）人本主义人格理论

人本主义观点强调个体个人成长的能力、选择自己命运的自由及人本质中积极的一面。人本主义心理学家相信，每个人都有能力应对压力、控制我们自己的生活并获得我们想要的东西。我们每个人都有能力突破并理解自身和所处的世界。

人本主义观点明确反对精神分析人格理论，精神分析人格理论是基于患者的人格理论，并着重于冲动、破坏性等人本性悲观的看法；而人本主义基于正常的且表现优秀的人，强调人本质中积极的一面。人本主义观点也反对行为主义人格理论，认为行为主义把人的行为仅仅看成是强化了的结果太过于极端，但是他同社会认知人格理论有相似之处，尤其是与强调自我效能、控制点和乐观在人格中作用的理论有共同点。

1. 罗杰斯的人格理论

罗杰斯用现象场概念来探讨他的人格结构。所谓现象场就是在任何时间内，个体所知晓或意识到的那部分经验。罗杰斯认为，所有的人都生活在他们自己才知晓的主观世界中。决定人行为是这种现象的实在，而非物质的实在。这个主观的现象世界和客观的物质世界之间有着一致性，但是一致性的程度却因人而异。

罗杰斯把经验和意识做了区分：意识只是个体经验的一部分；经验是个体在环境中经历的全部内容。只有当经验中的潜在内容被符号化时，它们才进入意识，成为个人现象场的一部分，经验的符号化通常以语词来实现，也可能以视觉或听觉意象来实现。把经验和意识作如此区分是罗杰斯人格理论的一个重要前提，因为在他看来，健康人能完整地、准确地把他的经验格式化，而不健康的人则歪曲组织经验，不能准确地把经验格式化或不能完全知晓它。

（1）人格结构

罗杰斯的理论是以个体的自我为核心展开的，因此成为自我论。所谓自我或自我概念就是个人经验中关于自己的所有知觉、认识和感受。这些经验是围绕这些问题形成的，如"我是谁""我是什么样的人""我能干什么"等。在此基础上，罗杰斯提出了两个自我：理想自我和真实自我。理想自我象征着个体最喜欢拥有的自我，是期望中的自我，是个人意义和价值的源泉；真实自我是经验的主体意识的分化发展，是实际经验中的自我。理想自我作为个体发展的更高标准，是个体倾向于促使自我观念朝着理想自我发展。真实自我与理想自我之间差距越大，我们就越会不适应。

（2）人格动力

罗杰斯认为推动人格发展的动力是人具有自我实现的基本趋向。所有人类，包括一切有生命的有机体，都具有求生、发展和提高自身的需求。罗杰斯认为，实现趋向驱使个体从一个单纯的结构向更分化、更统和的状态发展（从依赖向着独立，从固定、僵化向着变化与自由表现发展），从而使个体变得更加复杂，更有独立性、创造性，更具社会责任感。

（3）人格的发展

罗杰斯认为，自我的形成和发展有赖于个体和环境互动的许多因素，这些因素主要包括以下四方面。

1）正向关系的需求。个人的自我概念是通过社会交往而获得的。当个体与周围环境中的重要人物互动时，逐渐发展出主要建立在别人评价上的自我概念。罗杰斯认为每个人都有正向关怀的需求，就是个人在生活中得到周围人的温暖、同情、关心、尊敬、认可等情感的需求。

2）价值的条件。通常，大多数父母总是赞许儿童的好行为，给予正向关怀，不赞许儿童的坏行为。在寻求正向关怀的过程中，儿童经常尝试着做一些事情，渐渐地了解到有些事情他们是可以做的，而有些事情是不能做的，这就产生了罗杰斯所谓的价值的条件，即个人体验到关怀的条件。一旦这些价值的条件被儿童内化，成为他们自我结构的一部分，这些被内化的价值便起着指导儿童行为的作用，即使他们的父母不在身边时也起作用。

3）无条件的正向关怀。罗杰斯认为，每一个人都应当被爱，被认为是有价值的。当父母的言语和行为表示的是他们的爱并且是建立在儿童的行为是否符合他们的期望之上时，儿童就不可能得到全部的自我实现。儿童所需求的是无条件的正向关怀，即无论儿童做什么都给予全部的、真正的爱。罗杰斯认为，如果个体体验的只是无条件的正向关怀，那么就不会形成价值条件，自尊也将是无条件的，个体就会不断地获得心理上的调节，成为完善功能的人。

4）自我的一致性和威胁。人在一生中都在维护自我与经验之间的一致性。与自我概念相一致的经验会被知觉到并被整合到自我结构中；与自我概念不一致的或有价值条件的经验，就对自我观念产生了威胁。面对这种威胁，个人常会拒绝将其纳入自我结构之中，或扭曲其意义。自我是相当稳定的，并且是自我保护的，它过滤其经验和记忆并影响个人的知觉。罗杰斯认为，由于自我的筛选功能，人格的改变相当困难，因为人格改变包含了一定的威胁，而这个威胁又被自我筛选功能给筛选掉了。这样，个人改变人格的需求也就消失了。

2. 马斯洛的"自我实现"学说

马斯洛主张人本心理学要以正常人为研究对象，研究人的经验、价值、欲求、情感、生命意义等重要问题，其目的是促进个人健康发展，提高个人的尊严和价值以达到自我实现。

（1）人格动力

马斯洛认为，人类是由一系列具有生命意义的和需要满足的内在需求所驱动的，这些需求使人处于不满足的状态：一种需求获得满足之后，另一种需求就接着要求被满足。他认为，从低级到高级，人类的需求包括生理、安全、归属、自尊和自我实现五个层次。

任何一种需求浮现于意识中的或然性，取决于更具优势需求的满足或不满足情况，占优势的需求将支配一个人的意识，并自行组织去充实机体的各种能量；不占优势的需求则被减弱，甚至被遗忘或否定。当一种需求被满足后，另一种更高级的需求就会出现，转而支配意识生活，并成为行为组织的中心，而那些已被满足的需求就不再是积极的推动力。

（2）人格发展

马斯洛认为，人类的基本需求可以分为高级需求和低级需求，生理需求和安全需求为低级需求，是人和动物都有的；高级类人猿也有归属需求，而高级需求中的自我实现需求是人类所独有的。自我实现需求是实现生命价值的需求，其目的是扩展我们的经验、充实我们的生命，并不是补偿我们的不足。

自我实现者具有一些共同特征，主要包括以下十一个方面。

1）正确认识现实的能力。他们能够正确判断现实情境，对虚假的和欺骗性的东西非常敏感，能够诚实地提出自己的观点。

2）愉快地接受自我、他人和自然。他们勇于承认自己的不足，接受现实的自我。同时，他们也用幽默和容忍的态度接受他人的缺点和人类生存的客观条件。

3）自发性创造欲，在日常生活中，他们能够非常主动和投入地进行自发性创造活动。

4）完成工作的使命感。他们把全部注意力集中于自己正在进行的事业，而把个人情感或个人需要置于其后。

5）自主性。他们富有智慧和独立精神，既不屈从于强权，也不盲从于他人。

6）好奇心和不断深化的体会。他们对生活中一切基本的东西都好奇，并且，每一次经验都能够使他们产生新的体会。

7）与人为善的待人方式。他们对身边的伙伴和其他人都有一种普遍的认同感。

8）感情深厚的人际关系，他们的人际交往中充满着深厚的感情和爱。

9）享受孤独。在与他人保持良好人际关系的同时，他们也能够愉快的享受一人独处的时光，对于他们而言，这种孤独有着重要的意义。

10）幽默感。这里指的是一种拿自己开玩笑的特殊能力。

11）高峰体验，所有的自我实现者都曾经报告过，自己在达到上述境界时会产生一种体验，即在短时间内感到无比的欣喜，感到了自己生命的价值，感到一种从未有过的开阔、力量、和谐、平静、光明和美好。马斯洛把这种感觉称为高峰体验。

（五）不同人格理论的比较

在以上的四种类型的理论中，每一种理论都从不同的视角解释了人格，随着研究的发展，我们可能会发现，一些新发现的事实可能支持这一种理论，而另一些事实却支持另外一种理论。虽然一些理论的某些部分可能已经被证明是错误的，但是就整个理论体系而言，还没有哪一种理论体系是被完全否定的，也没有哪一种理论体系是完全被肯定的，应当说，每一种理论在不同的方面都有其独到之处（如表 4-1 所示）。

表 4-1　不同人格理论的比较

理论考查方向	精神分析人格理论	特质理论	行为主义人格理论	人本主义人格理论
对人的本质认识	恶	中性	中性	善
行为的决定因素	规定因素	规定因素	现定因素	自由选择
动力来源	性欲和攻击不力	每个人的特质结构	各种驱力	自我实观
人格结构	本我、自我、超我	特质	习惯	自我
无意识作用	极大	极小	不存在	极小
良心的概念	超我	诚实等特质	自我强化	理想自我
发展理论中的核心概念	心理性欲阶段	遗传和环境的作用	理性学习情境、认同、模仿	自我形象的发展
个体成长障碍	无意识冲突	不健康特质	不健康习惯、不良环境	不符合状态、价值标准的束缚

五、人格的测量

人格测量得到发展有两条重要的历史线索。首先，在 20 世纪初，非结构化的投射技术，如罗夏墨迹测验占据了人格测量的主要地位，而后又逐渐失去其主流地位。其次，在 20 世纪中期，结构化的方法，如自陈量表和行为测量占据了主要的地位，随后迅速地成为主流，当代的人格测量主要基于两种取向在发展：理论演绎法和经验校标法。

（一）结构化人格测验

1. 依据理论演绎法编制的人格测验

依据理论演绎法编制的人格测验主要包括：爱德华个人倾向量表、迈尔斯-布里格斯性格类型测试（MBTI）、卡特尔 16 种人格因素测验、艾森克三维人格问卷（EPQ）、Y-G 性格测验、大五人格测验（NEO）。在本节中，我们主要介绍 MBTI、16PF，EPQ 及 NEO。

（1）迈尔斯-布里格斯性格类型测验（MBTI）

MBTI 是近年来世界上广泛使用的一个测验。用于考察参测人员在组织中的贡献、领导风格、偏好的工作环境、潜在的缺陷等个性特征与潜力，属于类型学测验。MBTI 人格测量系统的全称是 Meyers-Briggs Type Indicator，它是基于荣格的类型学理论发展起来的。

MBTI 共包括四个大的维度，每个维度由两个相对的类别构成，分别是：外向－内向、感觉－直觉、思考－情感、判断－直觉。所以 MBTI 将人分成了八种不同的类型。依据这种理论，上面的这八种类型的区分几乎可以面对所有人，每个人都可以在 MBTI 中找到自己的相应类型，对于每个维度中的两种不同类型，是可以看做个体先天特征的不同方面。

MBTI 的目标就是要通过对题目的回答和精确的计分方式，将不同个体的特点加以准确的区分。在每个对应的种类问题中，都可以找到细微的差异，这是为了看出个体之间偏好上的不同。并且，所有的条目都是采用迫选的方式。这种方式使得被测试者在两种相近的喜好或是两种相似的精神类型中必须选择出其中的一个。这样，我们就可以更清楚地得到想要的结果，从而进行更细致的划分。

事实上，也许 MBTI 是在非精神病学人口中应用最广泛的测评工具，MBTI 在理论上以四大相互独立的维度来计分，尽管每一个两极的维度上的分数是连续的，在实际应用中通常以类型的方式概括被试者的分数。例如，一名被试者可能在外向、直觉、情感和知觉上的得分更高，因此得到一个总类型 ENFP。那么这个人的人格特征可以概括为：比起内心的观念更注重外在世界的人和事（E）；寻找可能性而非事实依据（N）；基于个人价值观念的判断而非逻辑分析（F）；喜欢变化的生活而非有计划有条理的生活状态（P）。

MBTI 的结果可以运用在职业选择中，在职业选择中可运用心理类型的倾向表现为：如果平时工作需要的是接受信息而你又恰好是那种倾向，那么你工作起来就会得心应手，让你有成就感。同样，若使用得当，心理类型的基本原理对处理人与人之间的关系也起着积极作用，它能使人认识到人与人之间的不同并彼此尊重，也能使人与人之间因为不同而互相欣赏。在亲密关系的人群中，类型学的最好用处就是使人们彼此对自我和对方因为天性的不同而能理解和欣赏，每一类型的人都是具体特征的综合体，每一类型都有令人欣赏之处，也有令人烦恼之问题，对于那些是同一种倾向的人而言，通常会容易沟通，理解彼此的感受，享受共同的价值观。应用类型学在道德和价值观方面与儿童建立关系尤为重要。大人在面对儿童的需要时，以自己的想法代替孩子的想法，由于缺少对儿童倾向的确认和接受，使孩子自尊受损、产生逆反心理。用 MBTI 的知识，就能确定儿童的需要，更能支持儿童去表现他们的本来喜好。

（2）卡特尔的 16 种人格因素测验（16PF）

卡特尔接受了奥尔波特的特质定义，认为特质就是人在不同时期和情境下都保持的行为的一致性，主张人格结构的基本元素是特质。他对奥尔波特的 18 000 个与人格有关的词汇进行归类，得到 171 个与人格有关的基本词，之后对这 171 个基本词进行相关分析，得到了 16 种基本特质。卡特尔认为它们是构成人格的最基本的要素，称这 16 种特质为根源特质，是行为的决定因素。

卡特尔依据他的人格理论，经过几十年的系统观察、科学实验，用因素分析统计法编制了一种精确可靠的测验，即 16PF。

与其他同类的测验相比较，它能以同等的时间测量更多方面主要的人格特质，并可作为了解心理障碍和身心疾病诊断的手段，也可用于人才选拔，16PF 是一种应用广泛的迫选式人格问卷，目前共有五种版本。16PF 既可以团体施测，也可以个别施测，凡是有相当于初中以上文化程度的青、壮年和老年都可以使用。

16PF 应用最大的动力来自于职业指导、职业探测和职业测验。更多的实践者使用电脑陈述报告。这种报告吸引人的特征之一是它提供了有价值的信息，报告包含了人格描述、分数侧面图、临床征兆的总结、认知因素和需要模型。

（3）艾森克三维人格问卷（EPQ）

艾森克对人格问题进行了大量的实验研究，提出了自己独到的理论见解。他认为，个性特质是个体主要的、稳定的和持久的个性特点和倾向，个性特质可以用问卷的方式予以测量。经过对问卷调查和实验室实验结果的因素分析，艾森克得到决定人格的三个最基本因素是：内外倾性、情感稳定性和精神性。这三个因素构成了人格的相互垂直的三个维度，人们在这三个方面的不同倾向和不同表现程度，构成了他们不同的人格特征。

艾森克人格问卷由 P、E、N、L 四个量表组成，主要调查受测者的精神质性、内外向性和情绪稳定性三个人格维度。

掩饰量表（L）反应被试者在回答问题时是否猜测主试者的意图、是否真实地回答问题的情况。

内外向量表（E）的分数高表示人格外向，活泼热情，喜欢极限运动，易于冲动。分数低表示人格内向、文静，除了亲密朋友之外，对一般人沉默冷淡，不喜欢冒险、刺激的生活方式，情绪比较稳定。

神经质量表（N）的分数高者常常焦虑、烦躁、郁郁寡欢、忧心忡忡，遇事有激烈的情绪反应，会出现不够理智的行为。分数低者情绪反应缓慢且轻微，很容易恢复平静，他们通常稳重、性情温和、自我控制能力强。

精神量表（P）并非指精神病，它存在于所有人身上，只是程度不同。高分者可能是孤独冷漠、不关心他人、不近人情，与他人不友好，喜欢寻衅滋事，喜欢干奇特的事情，难以适应外部环境。低分者能与人相处，能较好地适应环境，态度温和、不粗暴、善解人意。

艾森克认为，各种人格类型不是相互排斥、非此即彼的；相反，人格类型包含基本的人格维度，即外倾－内倾，神经质－稳定性，精神质－超我机能。每个人在这些维度上都有不同程度的表现，而极少有单纯类型的人。

（4）大五人格测验（NEO）

"大五"模型最初是由图普斯和克洛斯特尔提出的，近年来，不少学者又对这5个因素进行了重新命名，即E因素：外向、热情、充满活力；A因素：愉快、利他、有感染力；C因素：公正、克制、拘谨；N因素：神经质、消极、敏感；O因素：率直、创造性、思路新。

大五人格因素模型是西方一批特质心理学家基于半个世纪以来的探索所创立的人格结构理论。近年来，该模型又重新成为国际人格心理学界具有广泛影响的热点课题。大五人格因素在某一抽象的水平上代表了人格特质的总体，其普遍性、稳健性已在自我报告和他人评定、词汇研究和问卷测量、各种样本及不同文化背景和分析方法的大量研究中得到验证，该模型在一定程度上整合了人格结构的无政府状态，推进了人格理论研究的进程，得到了许多心理学家的高度评价，被称为是人格心理学中的一场悄悄的革命。现在人格心理学界已经普遍认可这一模型，并把它作为人格描述和评估的基本框架。

2. 根据经验方法编制的人格问卷

根据经验方法编制的人格问卷主要有：美国明尼苏达多相人格问卷（MMPI）、加州心理量表（CPI）等。本书在此主要介绍美国明尼苏达多相人格问卷。

人格测验建构方面经验准则确定的突出例子是明尼苏达多相人格问卷，MMPI 已经再出版，并重新构建为两个独立的版本：MMPI-2 和 MMPI 青少年版。

MMPI 最初的版本是心理学家哈萨维和精神病学家麦金雷于 1943 年联合制定并出版的。MMPI 编制的目的是判别精神病人和正常人。MMPI 适用于 16 岁以上的成年人。MMPI 既可以个别施测，也可以团体施测。1970 年由明尼苏达大学进行修订，共包括 566 道题。

尽管 MMPI 的最初量表被认为是不成熟的运用经验主义的典型产物，并不断有传言说它的地位岌岌可危，但它还是存活下来了。事实上，虽然它的最初目的是帮助精神病分类，它发展中所遵循的程序使它不适用于正常个体的人格评定，但 MMPI 除了广泛地用于精神病病人之外，还广泛地应用于正常人。它和它的修订版本已把一些附加的程序和解释策略与最初的经验将获得的调查表框架结合起来。

MMPI 和 MMPI-2 对于大多数人格诊断和治疗问题有很高的价值，包括反社会性人格、边缘人格和自恋人格的评估，性虐待史和女同性恋的评估，预期背部疼痛手术的结果，对杀人犯依据经验进行分类，HIV 患者和 AIDS 病人的治疗及犯罪分子的矫正等。

（二）非结构化人格测验——投射

"投射"指把自己的想法、态度、愿望、情绪等个性特征，不自觉地反映于外界事物或他人的一种心理机制。投射测验是指向受测者提供一些意义比较模糊的刺激情景，让他在不受限制的情境下，自由表现出他的反应，分析反应的结果，从而推断他的人格结构与其他人格测验相比，投射测验有几个特点。首先，投射测验使用的是非结构的任务，允许被试者有各种各样不受限制的反应。刺激材料也很模糊，模棱两可。在这种情况下，被试者对材料的知觉和解释就可反应他的思维特点、内在需要、焦虑和冲突等人格方面。其次，测量目标具有掩蔽性，被试者一般不可能知道他的反应将作为何种心理学解释，从而减少了伪装的可能性。最后，投射测验强调解释的整体性，它关注人格的总体评估而不是单个特质的测量。

关于投射测验技术的分类，可以分为四大类别：第一，依据联想法编制的投射测验，就是让被试者根据刺激说出自己联想到的内容；第二，依据构造法编制的测验，就是让被试者根据他所看见的图画，编造一个故事；第三，依据表露法编制的投射测验，也就是让被试者通过绘画、游戏或表演来自由表露他的心理状态；第四，依据完成法编制的投射测验，也就是让被试者补充完成一些不完整的句子、故事或者辩论等材料。

1. 依据联想法编制的投射测验

（1）罗夏墨迹测验

罗夏墨迹测验是罗夏于 1921 年以心理诊断学为标题发表的人格测验方法。罗夏墨迹测验法的目的是通过对标准化的刺激的反应进行观察，来预测或推断被试者在其他场合的行为样式。它是以墨迹偶然形成的模样为刺激图版，让被试者自由地看并说出所联想到的东西，然后将这种反应用符号进行分类，加以分析，捕捉人格的各种特征，从而进行诊断的一种方法。由于刺激图形是由墨迹偶然组成的，所以不同文化的人都能使用。罗夏墨迹测验基于知觉与人格之间有某种关系这一基本假设，即在个人知觉中反映着人格。测验要求被试者描述在墨迹中看到了什么，并说出自己的知觉体验，在进行这样的测验时，被试者必须以自己独特的方式进行反应。在这些反应中，他们无意的、不知不觉地将真实的自己，甚至潜意识的自己展现出来。

罗夏所制成的瑞士版罗夏墨迹测验是由 10 张卡片构成。在各张图版中印刷着左右对称的墨迹，5 张是黑白墨迹，5 张是彩色墨迹。为了使测试判定具有某种程度的客观化，贝克和克罗普佛提出了判定标准：① 根据被试者所回答的内容，是有生命的还是无生命的，是人还是动物，是可爱的还是厌恶的，测验者解释受试者人格上的差异；② 对内容的解释可以有象征性意义；③ 解释时要注意全部回答的情况，以全部反应为基础。

由于很多原因，很难提供一个关于罗夏墨迹测验的可信度、有效性和临床应用性的简明概括。甚至简单的问题也会引起复杂的回答。例如，罗夏墨迹

93

测验评估的目的是什么？罗夏启动一种精神病学的诊断，目的是评估精神治疗的预后效果，获取一种初级思维过程的指标，预示自杀，以及组成复杂人格的结构。罗夏测验的目的如此不完善，以至于一些拥护者甚至拒绝将它作为一种测验，而倾向于将它称为一种产生有关人格结构信息的方法。当一个工具的目标不明确的时候，关于它的心理测量属性的客观研究也是有危险和困难的。

心理学界对罗夏墨迹测验存在很多争议，大量研究指出，罗夏墨迹测验可信度低，缺乏一种普遍的有效指导。

（2）霍茨曼墨迹技术

霍茨曼为了克服罗夏墨迹测验的主要缺陷，发展了一个新的而且应用更广的墨迹技术，这一技术的施测和评分过程都比较简单。在霍茨曼墨迹技术中，被试者被限制每张卡片都做出一个反应，但是要看一组 45 张的卡片。每一个反应紧跟着一个很简单的双重问题：被试者知觉了墨迹中的哪个位置和被试者从墨迹中知觉到了什么？

霍茨曼墨迹技术由两组结构相同的形状组成。相似形状的存在对于重测研究而言是有价值的，由于被试者经常记得他们对一张卡片的反应，因此重测时只机械地提供相同的答案。霍茨曼墨迹技术的 45 种反应被记为 22 种不同的变量，源于早期的罗夏评分系统。

霍茨曼墨迹技术的有效性已经在上百种研究中被阐明，这些研究报告了霍茨曼墨迹技术评分和独立的人格测试关系。通常，这种关系支持霍茨曼墨迹技术的有效性，特别是作为一种心理诊断的有效性。

近期关于霍茨曼墨迹技术的变量研究，需要对从霍茨曼墨迹技术的第一组图形中挑选出来的 25 张卡片的子集做出两种反应。这种新的测验称为 HIT25。这种新测验为诊断精神分裂症提供了另外的方法。使用完全客观的评分标准和简单的判断规则，HIT25 正确地辨别出 30 位精神分裂症患者中的 26 位和 30 名正常大学生中的 28 名，HIT25 看起来更具有发展前景。

2. 依据构造法和完成法编制的投射测验

（1）主题统觉测验

主题统觉测验是投射测验中与罗夏墨迹测验齐名的一种测验工具，由美国哈佛大学默里与摩根等编制而成。后来经过多次修订，逐渐推广应用，成为一种重要的人格投射技术。全套测验共有 30 张内容隐晦的黑白图片，另有空白卡片一张，图片的内容以人物或景物为主。每张图片都标有字母号，按照年龄、性别把图片组合成四套测验，每套 20 张，分为两个系列，每个系列各 10 张。这四套测验分别用于男人、女人、男孩和女孩，其中有些照片是共用的主题统觉测验部分。

每套测验材料由 19 张图片和 1 张空白卡片组成，图片含义隐晦。测验进行时，主试者按顺序逐一出示图片，要求被试者对每一张图片都根据自己的想象和体验，讲述一个内容生动、丰富的故事，故事内容不加限制，但必须回答四个问题：第一，图片中发生了什么？第二，发生这些事情的原因是什么？第三，故事的主人翁想表达什么？第四，故事的结局是怎样的？对空白卡片，要求被试者想象出一幅图画，然后根据图画编制故事，一般可用 5 分钟讲完故事，要求故事越生动、越戏剧化越好。每套测验的两个系列分两次进行，测完第一系列通常花 1 小时，在一天后或更长时间后再进行第二系列的测验。通常第二系列的图片内容会较为奇特、复杂，容易引起情绪反应。在第二系列测验完毕后，主试者将与被试者进行一场谈话，以求深入了解和澄清故事的内容，并要注意被试者在测验时的行为反应，以作参考。

在实施测验的过程中，主试者一般都要求被试者给意义隐晦的图片赋予更为明确的意义，从表面上看，这一赋予意义的活动是自由随意地讲述，故事情节越生动、越戏剧性越好，但默里认为，被试者在这过程中会不自觉地根据自己潜意识中的欲望、性情、动机或冲突来编造一个逻辑上连贯的故事，研究者可以对故事内容进行分析，捕捉蛛丝马迹，从而了解被试者特定的内心世界。

（2）句子完成测验

句子完成测验是主试者展示给被试者一系列未完成的句子。主试者给出句子的前面部分，要求被试者完成句子的结尾，如其他投射技术一样，被试者假定完成的句子反映了回答者潜在的动机、态度、冲突和恐惧。通常，句子完成测验可以有两种不同的解释方式。

1）简单句子完成测验。表 4-2 是句子完成测验的一个例子，这个测试的主干很短，并且被限制为少量基本主题（自己和父母），只有三个主题（回答者的自我概念、母亲和父亲）重复出现在这个短小的测试中，大多数句子完成测验长度从 40 到 100 个主干不等，而且包含 4～15 个不等的主题。

表 4-2　句子测验实例

指导语：完成这些句子可以显示你的感受

（1）我最好的个性特点是：

（2）我的母亲：

（3）我的父亲：

（4）我最大的恐惧是：

（5）我母亲最好的一点是：

（6）我父亲最好的一点是：

（7）令我最骄傲的是：

（8）我仅希望我的母亲有：

（9）我仅希望我的父亲有：

在投射技术中，很多句子完成测验已经得到了发展。绝大多数未发表和未标准化的测量工具就是为适用于一项或者几项临床需要而编制的。其中，罗特的未完成句子填空测验是实验基础最强并应用最广泛的。罗特未完成句子填空测验包含三组相似的模型——高中组、大学组和成人组，每一组包含 40 个句子主干，这些主干大多以第一人称写成。尽管这个测验可被主观地以通常的方法，即通过定性分析投射在题目中的需要来加以解释，但其真正得到关注的原因却是客观的和量化的评分。

2）罗森韦格图形挫折研究。罗森韦格图形挫折研究（P-F 研究）通常被视为一种类投射技术，需要被试者对高度结构化的言语——图画刺激做出言语的反应。P-F 研究有三种形式：儿童的、未成年人的和成年人的。每一个都包含 24 个连环图画描写受挫的情景，每一个图画有两个人，左边的人发表讲话激怒或描述一个受挫的情况给右边的人。被试者要求表示出当被匿名的卡通人辱骂时的意识中的第一反应，将其写在遇挫的人头上的空白处。在年幼的被试者的例子中，主试者写下主题的反应。

P-F 研究的目的是评估被试者对于挫折反应的定格样式。挫折被定义为发有机体在满足需要的过程中遇到的困难或障碍。在通常的意义上，众所周知，人们对于挫折的反应带有攻击性，P-F 研究的价值是它从三个方向和三种类型上多面的概念化攻击性。攻击性的方向可能是向外的，如他（她）将攻击性的方向指向环境；攻击性的方向也可能是内部的，如他（她）将攻击性的方向转向自己；第三种情况是非攻击性的，以努力掩饰挫折来逃避。攻击的类型可能是困难主导的，在这种情况中造成挫折的困难在反应中凸显出来；也可能是自我保护的，这种情况下反应被试者控制的组织能力；或坚持需要的，这一情况中挫折情境的解决尽管有困难也要达到目标。值得注意的是，攻击性并不一定是一种消极的构造。攻击中坚持需要的类型表现出了建设性，甚至是创造性的攻击方式；而自我保护的攻击通常是具有破坏性的。

P-F 研究根据在每一个反应中发现的一个或两个因素来评分。避免深入的解释，手册包含评分的例子来帮助制定决策。当记录项目分数时，评分的空白将被计算得出的、在每一个被试者的结果中发生的、9 个评分醒目的百分比分数所填充，总的攻击类型和方向也要记分，以 15 种指标为结果。另外，一个组一致性百分比也能被计算出来。一致性百分比表示一个被试者的反应，相当于一个常模给出的最普遍的反应有这样紧密的联系。所有指标可与从适当的标准例子中得来的结果相比较。当然，除去量化评分，对 P-F 研究做出的反应也可以印象化地评估。

3. 依据暴露法编制的投射测验

在临床心理学中，给被试铅笔、橡皮及几张白纸，要求他们在白纸上描绘一些图画，然后根据一定的标准，对这些图画进行分析、评定、解释，以此来了解被测验者的心理现象、功能，判定被试者的心理活动是否正常等问题，为临床心理上的诊断和治疗服务。有关这类形式和类型的测验统称为绘画测验。

（1）画人测验

心理动力学派的心理学家将画人这个方法改编为评估人格的投射方法。玛考文是这个领域的先锋，她的"画人测验"大受欢迎并始终作为临床评估工具被广泛使用。

画人测验通常是主试者给被试者一张白纸、一支铅笔和一块橡皮，要求他（她）画一个人被试者，画完一个人后，通常要求再画一个与第一个人物性别相反的人。最后，被试者被要求编一个关于这个人的故事。

画人测验的解释以一种完全临床的方法来进行，有一系列试验性的心理动力学基础的假设所指导，一些玛考文的解释性的假说如表4-3所示。

表4-3　画人测验的例证性解释

画图所表现的迹象	假设的解释重点
不成比例的大头	脑组织的疾病；前脑外科损伤；当前有头痛的情况
故意省去面部特征	避免高度冲突的人际关系
用很重的线条画嘴	言语攻击性的；过分苛责的；有虐待倾向的人格
改变的、擦去或补充的下巴	弱点的补偿；优柔寡断；害怕责任
有睫毛的男性的大眼睛	同性恋倾向的男性，通常很外向
强调毛发，如胡须	一种具有男子气的倾向
重点画脖子	缺乏对冲动的控制
重点描绘食指、大拇指	患有手淫
内部器官的解剖学的表示	精神分裂症或活跃的躁狂症患者

这些解释的假定是多彩而有趣的，同时也是似是而非的；然而，他们全部是基于心理动力学理论和逸事一样的观察报告。玛考文也很少努力去证实这些解释，对于她的假说的实验性的支持几乎不存在。

（2）房树人测验（HTP）

"房树人测验"是属于一种依据暴露法编制的心理投射法测验，被试者在开始测验时，对所描绘的房屋、树木、人物等并不知道表示的是何种意义。他们在测试中，把以前经常见到的或者在梦中梦见的事物在纸上描绘下来。作为投射画的"房树人测验"与其他投射测验（如罗夏墨迹测验、主题统觉测验）有类似的地方，也有不同的地方。相同的地方是他们都涉及被试者不太会掩饰的潜意识内容；不同的方面在于，罗夏墨迹测验和主题统觉测验，主要取决于被试者的统觉功能,在形式上具有一定的结构性,在测验中主要涉及言行的表达。他们要求被试者明确的描述所看到的对象,以及对象与环境之间的关系,主要采取的是言与行的联想;而"房树人测验"是非言语性的,主要描绘的是画,它涉及被试者人格特征中的感受性、成熟性、灵活性、效率性和综合性,并且还具有一定的创造性,甚至还涉及人的智力。

"房树人测验"开始于 John Buck 的"画树测验","房树人测验"相对来说方法多种多样,在测验的形式上又有许多变通。例如,有的简单要求被试者画出房、树、人,有的要求被试者在画完房、树、人之后,再用蜡笔对画进行涂抹上彩,还有的对人物画要求画性别相反的两个人物;另有一种综合性"房树人测验"(或称统和性"房树人测验"),要求被试者在同一张纸上画有房、树、人来进行测验。总而言之,"房树人测验"不仅是一种人格测验,而且是一种智力测验,它既可以动态地掌握被试者病情的演变,也能发现被试者的创造力,甚至通过绘画,起到治疗的作用。通过多次绘画达到治疗目的的方法以后逐步形成了心理治疗中的绘画疗法。

HTP 测验是美国心理学家 Buck 最先在美国《临床心理学》杂志上系统论述的,20 世纪 60 年代,日本引进了 HTP 测验并加以推广使用,学者们在临床实践中发现,分三次描绘三张图形对被试者的心理压力较大,尤其不适于那些精力不足、情感淡漠、注意力不集中的精神病患者。于是,将房、树、人三项合画在一张纸之中,不仅可以大大减轻被试者的负担,扩大测验对象,提高成功率,而且能有效地探测被试者的人格特征。

HTP 既可以用于群体测验,又可以用于个体测验;它既可以作为人群中有关精神健康的普查工具,也可以筛选出群体中不良者;它还可以用于门诊临床及住院患者的心理诊断,为心理咨询提供有关人格方面的信息;此外还可以用于调节夫妇关系、亲子关系、治疗和矫正不良青少年;HTP 可以利用艺术疗法的作用,促进精神病人的康复。

HTP 有以下三个优点:具有主动性、构成性、非言语性的特点,避免反映内容在言语化过程中变形,从而更具体地了解被试者的人格特征,捕捉到难以言表的心理冲突;能初步了解被试者的智力水平,并不易造成心理创伤体验;再度测验不会影响练习效果,有利于反复施测,追踪观察。

第三节　气质及测量

一、气质

人们通常所说的气质指的是一个人的风度和格调，心理学中的气质概念与此不同，现在心理学上一般把气质定义为个人心理活动的稳定的动力特征，也就是人生而具有的脾气、秉性和性情。

气质是一个古老的概念。早在古希腊时代，著名医生希波克拉底就于《论人的本性》一书中提出体液说，将人划分为四种基本类型，分别是多血质、黏液质、胆汁质和抑郁质。后来，盖伦发展了希波克拉底的学说，并用拉丁语来表达体液配合所产生的心理特点，于是就产生了气质这一概念。

气质是人的心理活动和行为的动力特征，主要表现在心理活动的速度、强度、稳定性、指向性等方面。在现实生活中我们可以观察到，有些人脾气急躁易怒，遇事冲动而不冷静；有些人则不温不火，遇事冷静沉着；有些人行动、语言缓慢乏力；有些人则动作敏捷，言语迅速而有力量。这些心理的动力特征给人类的全部心理活动染上了一层个人色彩，表现出迥异的气质特点。

先天生物学因素对气质影响比较大，先天因素占主导地位。事实上，气质特征在出生不久的婴儿身上就有所表现，它具有明显的"天赋性"。从婴儿身上可以观察到，有的婴儿好动、不认生、喜欢吵闹；有的婴儿则比较安静、沉稳。这些差异显而易见是由神经系统的先天特征造成的，而不是被后天生活条件改变的。气质特征与遗传有关，研究显示，同卵双生子要比异卵双生子在气质上更为相近，即使把同卵双生子分别放在两种不同的生活和教育环境下培养，他们仍然显现出相似的气质特点，差异不大。

二、气质的特征

（一）气质的动力性

气质体现在人的心理活动和生活行为中，是显露在外的动力特点，人心理活动的强度、速度、灵活性、稳定性，以及心理活动的指向性等，心理活动的强度，指情绪的强度、意志努力的程度等心理过程的强度；心理活动发生的速度，是指知觉的速度、思维的敏捷性、情绪发生的快慢等心理过程的速度；心理活动的灵活性，指思维的灵活性、注意力转移的灵活性等；心理活动的稳定性，指情绪的稳定性、注意力的集中性等；心理活动的指向性，是指心理活动是倾向于外部世界，时常从外界获得新印象，还是倾向于内心世界，常常体验自身的情绪，分析自身的思想和印象。气质只决定人的心理活动的方式，而不决定人的精神生活实质，它与人的动机、兴趣、理想、信念和价值观没有多大联系。

（二）气质的天赋性

气质不同于能力和性格，它较多地受到神经系统先天特征的影响，因而具有先天性。婴儿一诞生，气质就表现出差异来，有些活泼好动、大哭大叫，有些酣睡不止，有些非常沉默、东张西望等。研究表明，年纪越小，气质的表现越明显；血缘关系愈近，气质表现得越相像，具有相同遗传特质的同卵双生儿的研究表明，把两个同卵双生儿分别放在两个不同的生活和教育环境下培养，他们的气质比遗传特征不完全相同的异卵双生儿相似得多，而且长时间内没有发现显著差异。可见，气质具有天赋的性质，这些与生俱来的气质特征构成了每个人心理活动的独特风格，它为个体能力、性格的形成和发展提供最初的心理基础。

（三）气质的稳定性和可塑性

作为人的心理活动的动力特征，气质与人的心理活动的内容、动机无关，也就是说气质特点通常不受到个人活动的目的、动机、内容的影响，具有很强的稳定性。研究表明，儿童通过内向和外向方面表现出来的气质特点，在生命的最开始的几年内就表现出来了。这些特点在他们后来的生活中也很少改变，友好的婴儿倾向于成长为友好的少年，而不友好的婴儿倾向于成长为不善交往的年轻人。

但是，气质也不是一成不变的，它具有一定的可塑性。在生活环境和教育条件的作用下，气质会得到一定程度的改造。比如，在集体生活的作用下，一些情绪容易激动的人，可能变得较能控制自己；而一些行为较为缓慢的人，可能变得行动迅速。在有计划、有系统的教育作用下，人的气质被掩饰和改变的情况表现得更为明显。

（四）气质的向性

向性是指心理活动、言语与行为动作反应是倾向于外部或者是内部的特性，因此分外倾性和内倾性，这与神经系统功能强度有关。外倾性是指神经活动兴奋过程占优势的向性，内倾性是指神经活动抑制过程占优势的向性。

三、气质与性格的区别与联系

气质与性格相互制约、相互影响，在平常生活当中，人所表现出来的某些性格特征和气质特征难以区别分辨，于是人们经常把二者混淆起来，当做同一个概念。比如，人们常说某个人的性格活泼开朗，某人的性子急躁或散漫，这些本质上讲的是气质特征。性格预期只是个性（人格）组成中既不相同又相互联系的重要方面。

（一）气质与性格的区别

第一，气质更多地受到个体高级神经活动类型的限制，主要是先天形成的；性格更多地受社会生活条件和教育的作用，主要是后天形成的。

第二，气质是人的心理活动的动力特征（如强度、速度等），气质类型无所谓好坏，每种类型都具有积极的一面，也具有消极的一面；而性格是人对现实生活的立场和行为方式中较稳定的心理特征的总和，表现为个体与社会环境的关系，有好坏之分，能决定一个人的社会价值和取得成就的大小，具有直接的社会评价意义。

第三，由于影响气质的先天因素较多，因此气质的可塑性较小，变化较缓慢；影响性格的后天因素较多，因此性格的可塑性很大，环境对性格塑造影响更为显著。

（二）气质与性格的联系

气质与性格相互交织，其联系密切又复杂。不同气质类型的人可能形成相同的性格特征，而同一气质类型的人也可能形成不同的性格特征，两者之间的关系有下面三种情形。

第一，气质会按照自己的动力方式影响性格的特点，让性格独具特色。比如，都是勤劳的性格特征，多血质的人表现出精神饱满、精力充沛；黏液质的人会表现得踏实肯干、认真仔细。

第二，气质会影响性格的形成和发展，当某种气质与性格有较大的同一性的时候，对性格的形成与发展有很大帮助，反之会妨碍性格的形成与发展。例如，胆汁质的人容易形成积极、大胆、主动性的性格特征，但是黏液质的人就非常难以形成上述性格特点。

第三，性格对气质有重要的调节作用，在一定程度上可以掩饰和改造气质，使气质遵循生活实践的要求。例如，宇航员必须具有积极主动、胆大心细等性格特征，在特殊的环境条件下，此类性格特征的形成就会掩饰或者改造胆汁质者容易偏激、急躁的气质特征。

四、气质与能力

人的气质可以分为不同的类型，但各种气质类型与个人能力及其将取得的成就没有必然的联系，智力发展的高低不取决于人的气质。在同一领域内有成就的人物中可以找出不同气质类型的代表；在不同实践领域中也可以找出高成就的不同气质类型代表。据研究，俄国四位著名的文学大家，赫尔岑表现为多血质，普希金表现为典型的胆汁质，果戈理表现为抑郁质，克雷洛夫表现为黏液质。虽然他们表现出不同的气质类型，但是在文艺领域都取得了突出的成就。达尔文同果戈理一样，都表现为抑郁质类型，但是他们都在各自的领域内取得了非凡的成就。由此可见，每种气质类型的人都可能在各自的领域获得杰出成就，同时也可能成为平庸的普通人。

气质本身并没有好坏之分。我们不可以把一些气质看作是好的、积极的，而把另一些气质看作是不好的、消极的。任何一种气质类型都有其积极的和消极的方面，例如，胆汁质的人积极、开朗、勇敢、活力四射、有进取心，但也可能成为热情、急躁、难以控制脾气的人；多血质的人灵巧、机警、和蔼、乐观，但也可能成为行动轻率、感情肤浅而不稳定的人：抑郁质的人感情深刻且稳定，观察细心而富于想象，但也可能成为孤僻、多疑、缺乏自信的人；黏液质的人实干、坚定、冷静，但也有可能成为萎靡不振、冷漠、死板的人。

虽然气质左右不了人的智力高低和成就大小，但是气质特点却可以作用于智力活动的方式，进而左右其效率。比如，关于记忆的研究显示，识记材料的难度大、数量多时，神经系统强型的人比弱型的人效果要好。神经系统强型的人记忆大量的无意义音节效果较好，而弱型的人记忆大量有意义的文章较好。在动觉记忆方面，对于简单的任务而言，弱型的人较强型的人记忆好，而在复杂情境中，强型的人较弱型的人记忆好。由此可见，每一类型的气质，都各有优劣，并影响到活动的效率。

五、气质理论

（一）体液说

古希腊医生希波克拉底提出气质的不同是因人体内不同的液体引起的，他设想人体内有黏液、血液、黑胆汁和黄胆汁四种液体，并通过这些液体混合比例看哪一种占优势，据此把人分为不同的气质类型。黏液占优势的属于黏液质，体内血液占优势的属于多血质，黑胆汁占优势的属于抑郁质，黄胆汁占优势的属于胆汁质。

1. 多血质

情绪易表露，敏感异变，碰到不顺心的事就会放声大哭，只要稍微安慰一下，或者有愉快的事发生，很快就能转变心情；思维敏捷，反应迅速，但常常是囫囵吞枣，一知半解；行动迅速，对工作表现非常热情，除非是条件不允许，他要参加所有活动，但是工作干劲不能保持长久；对环境适应快，善于结交朋友，但交情很浅不深入。概括地说，多血质以行动迅速、有朝气、活泼开朗、反应敏捷、情绪焦躁、粗枝大叶等为特征。

2. 胆汁质

性情急躁，反应快速，不论高兴还是忧愁，情绪体验都特别强烈，时常大发雷霆，在情绪发泄完以后，又迅速平息下来。智力活动具有较大的灵活性，但是在理解问题时表现出粗心大意、一知半解的倾向。在行动上朝气蓬勃，在工作上表现得努力进取。概括地说，胆汁质表现特征为：表里如一、精力旺盛、刚强不阿、易感情用事，整个心理活动弥漫着迅速而突发的色彩。

3. 黏液质

情绪兴奋性较低，反应缓慢但有稳定性，经常心如止水，不容易出现起伏的情绪状态，也不外露；喜欢思考，在进行所有工作之前都做细致的考虑，能坚决执行自己做出的决定，从容不迫地完成工作；常常对已习惯的工作表现出极大热情，而不容易习惯于新工作。概括地说，黏液质特别稳重，但缺乏灵活性；踏实但易于固执拘谨；沉着冷静但缺乏生气。

4. 抑郁质

情绪兴奋性高，体验深刻稳定，不经常外露自己的情绪，反应缓慢且不灵活，具有刻板性。对事物观察细致、敏感，学习和工作易疲倦，疲倦后也不容易恢复。工作中常表现出多虑、不果断和缺乏信心。生活中不善于和人交往，常有孤独、胆怯的表现。概括地说，抑郁质人的特征表现为：稳重、敏锐、胆怯、孤独、体验深刻、外表温柔和行动缓慢。

实际上，绝大部分人都不是完全地属于这四种传统的气质类型中的一种，如绝对的多血质等，而是属于各种气质类型之间的类型或是属于多种气质的混合型。

（二）高级神经活动类型说

高级神经活动类型学说是巴甫洛夫创立的。他认为，划分高级神经活动类型主要应根据神经过程的基本特征，而这些特征又主要包括三种：强度、平衡性和灵活性。

神经过程的强度是指神经细胞受到强烈刺激或者持久工作的能力，它有强弱之分；神经过程的平衡性是指神经系统兴奋和抑制两种过程的相对关系；神经过程的灵活性是指兴奋与抑制两个过程相互转化的速度。巴甫洛夫将以上三种特性进行组合，把动物高级神经活动划分为四种类型。

（1）兴奋型。这种类型的特点是：兴奋过程强于抑制过程，阳性条件反射较阴性条件反射容易产生，它是一种易兴奋、易怒、难于控制的类型，所以也叫"不可遏制型"。

（2）活泼型。这种类型的特点是：神经活动强度大、平衡而灵活、反应迅速，外表开朗，能较快适应迅速变化的环境。

（3）安静型。这种类型的特点是：神经活动强度大，平衡却不灵活，较易形成条件反射，但不易改造，这是一种坚韧而行动迟缓的类型。

（4）抑制性。这种类型的特点是：神经活动强度弱，不能承受强刺激、感受性高、胆小而神经质。

巴甫洛夫认为，上述四种神经系统的基本类型是动物与人共有的，因此称为一般类型。神经系统的一般类型就是气质的生理学基础，气质是神经系统一般类型的心理表现，兴奋型相当于胆汁质，活泼型相当于多血质，安静型相当于黏液质，抑制型相当于抑郁质。

高级神经活动类型主要来自先天遗传因素，因此，一个人的气质特点与其他心理特征相比是较为稳定的。但高级神经活动类型在后天环境训练下是可以改变的。遗传对气质的影响随年龄增长而越来越弱，而环境对气质的影响随年龄增长而越来越强。

另外，关于气质的理论还有体型说、血型说、激素说等。体型说虽然揭示了气质与体型的一些联系，但并未说明体型与气质间关系的机制，例如：体型对气质是直接影响还是间接影响？二者之间是连带关系还是因果关系？关于激素说，尽管气质的某些特点与某些内分泌腺的活动有关，但是气质的直接生理基础主要是神经系统的特征，因此，孤立地强调内分泌的活动对人气质的决定作用是片面的。关于气质的血型说，经验和臆测的成分较多，缺乏严密的科学依据。

六、气质的测量

现实生活中对气质类型的测量具有非常重要的理论和实践意义，现有的气质测量方法主要有如下三类。

（一）自陈量表法

自陈量表法要求被试者回答一系列经过标准化的问题，然后从中分析被试者的气质特征，这种方法的优点在于实施简单、评分客观，较易得到量化的结果；其缺点在于被试的回答可能不尽真实，在问卷中插入测谎题可在一定程度上克服这一问题，常见的气质量表有以下三种。

1. 瑟斯顿气质量表

瑟斯顿气质量表由美国心理学家瑟斯顿编制。该量表包括七类问题，每类 20 个题目，共有 140 个题目。每类问题测量的是气质的一个特征分别是：活动性、健壮性、冲动性、支配性、稳定性、社会性和深思性。被试者根据自己的情况回答。

2. 斯特里劳气质调查表

斯特里劳气质调查表由波兰心理学家斯特里劳制定，建立在巴甫洛夫的气质类型理论的基础之上。量表共有 134 个题目，分为兴奋强度、抑制强度、神经过程灵活性三个分量表，其中 44 个题目属于测试兴奋强度的题目，44 个题目属于测试抑制强度的题目，46 个题目属于测试神经过程灵活性的题目。被试者根据自己的真实情况回答问题，与自己情况相符的记上 1 分，介于相符与不相符之间的，或无法回答记 0 分，与自己情况不相符的记 –1 分。

测试完毕后，分别计算被试者在每一部分的得分，参照气质的评价表，如表 4-4 所示，就可以得出高级神经活动过程的各种特征和类型特点。

表 4-4　气质评价表

气质类型	高级神经活动类型	各种神经过程特点		
		兴奋强度	抑制强度	灵活性
胆汁质	强而不平衡型	正分	负分	正分
多血质	强、平衡、灵活型	正分	正分	正分
黏液质	强、平衡、不灵活型	正分	正分	负分
抑郁质	弱型	负分	负分	负分

3. 向性气质调查表

向性气质调查表是内曼和科尔斯泰特编制，用来评定内倾与外倾，共有 50 道题目。被试者根据自己的情况回答是与否，内倾与外倾被认为是气质的主要维度，对个体向性的测定有助于培养和选拔人才。向性测验集中测量气质的一个维度，施测方便，已经广泛运用到教育、管理和医学等领域。

（二）观察法

观察法是指在日常生活条件下，观察、记录一个人的气质特性，从而做出鉴定。运用行为评定法确定气质类型，要求在观察、记录一个人的日常生活中的行为特征、智力活动的特征、言语的特征及情绪特征之后，对所得材料进行分析、判断、归纳与组合，然后对照气质心理特征的指标确定其气质类型。它的优点是简单易操作，不需要特殊的工具和条件，但是在日常生活中，一个人行为背后的原因多种多样，有时并没有反映出其真实的气质类型，如果仅根据行为来判断气质是有困难的，也容易出现偏差。因此，在使用行为评定法时，必须对被试的生活条件、成长经历等进行全面、深入、细致的了解，并结合实验法、问卷法进行研究，才能把个人的某些稳定的个性与偶然的行为区别开来，进而了解一个人真正的气质特点。

（三）实验法

实验法又称条件反射法，是指在实验室使用特定的仪器使被试者形成条件反射或者改造条件反射，观察在此过程中被试者的神经系统的基本特征，如强度、灵活性和平衡性，从而了解其气质特征。

比如，可以通过条件光化学反射测定神经过程的强度，具体做法是：给被试一定强度的光刺激形成血流加快的反应后，不断增强光的强度，如果在超强度的光刺激下，被试仍然保持已形成的光化学反应，就说明他能忍受较强的刺激，是强型；反之则是弱型。

为了测定神经过程的平衡性特征，可以通过比较被试形成阳性条件反射和阴性条件反射所需光的强弱来确定。如果被试形成两种条件反射所需光刺激的强度相等，就说明他的神经兴奋过程和抑制过程是平衡的，即平衡型；如果阳性条件反射形成比阴性条件反射形成所需的光弱，就可以断定抑制过程占优势，反之就是兴奋过程占优势。

用实验法测定神经过程的灵活性，通常有两种方法。一是在改造刺激物的信号意义的情况下记录被试的反应时间，在这种情况下，如果被试的反应时间没有明显的变化，说明他们的神经系统比较灵活；如果被试的反应时间明显延长，说明他们的神经系统具有较大的惰性。二是记录定型建立和改造时被试者的反应时间。如果被试定型建立的速度比较快，改造的时间比较短，则表明他们的神经系统灵活，反之则表明其神经系统不灵活。

采用条件反射法，在实验过程中能够控制条件，因此，测得的结果比较可靠。但在实验室条件下考查人的神经系统的特性，存在一个较大的问题，就是很多研究结果并不一致，而且条件反射测定法需要一定的仪器，主试必须经过特殊的训练。

七、气质对职业选择的意义

虽然气质不能决定一个人的智力发展和事业成就，但它使人的心理活动具有某种个人的独特色彩。这种"色彩"会影响活动的性质和效率。因此，在选择职业时，应考虑到个人的气质特点。抑郁质、黏液质的人，容易适应持久细致的工作，多血质和胆汁质的人则难以适应；多血质、胆汁质的人容易适应迅速灵活转换的工作，而黏液质和抑郁质的人则难以适应。在选择培养某些特殊专业的工作人员时，更应当特别注意个人的气质特征。例如，飞机驾驶员、宇宙航天员、大型动力系统调度员，或运动员的选拔和培养，对气质特征都有特定的要求，要有极其灵敏的反应，有较长时间的身心紧张能力和敢于冒险与临危不惧的精神。而神经系统的兴奋过程弱、反应迟缓的人就不宜从事这些职业。因此，一些特殊职业必须根据它们的特点对将要从事此项工作的人进行预先的气质测定，以便使气质特征符合活动的要求。

气质与职业活动的关系主要表现在两个方面：一方面，在人才选拔和人员配备时要考虑人的气质与职业活动的适应性，每一种职业都要求从事该职业活动的人必须具备与该职业活动要求相应的特殊能力、性格和气质特征，才能保证职业活动任务的顺利完成；另一方面，不同气质类型的人在同种工作之中会有不同的工作方式及不同的问题处理策略，从而导致不同气质类型的人在相同工作岗位上的绩效出现很大的不同。

在面临就业时，不同气质类型的人的职业选择倾向和所适合的职业也有所不同，总的来说，有以下四种表现。

胆汁质的人面临择业时，往往表现出很高的积极性，主动出击，求职和竞争意识强烈。这种热情和主动性往往为用人单位所赏识，易于被录取。一般来说，他们倾向于选择且适合竞争激烈、冒险性和风险意识强的职业或者是社会服务性职业，如体育运动员、企业改革者、航空、勘探、探险者、演说家、教师、营业员等。

多血质的人情绪多样，勤奋好学，爱好广泛，工作能力较强，容易融入和适应新的工作环境，擅长交际。他们在职业市场往往很受青睐，有较强的竞争优势，相对来说有较宽广的选择范围和机会。他们一般适合抛头露面、出风头、经常与人打交道的职业，如记者、律师、艺术工作者、公关人员、秘书等。

黏液质的人容易养成镇静、自制、沉稳、有耐心、不急躁的品质。在职业选择中一旦认准自己满意的职业便耐性十足，不达目的誓不罢休。这种坚持不懈的韧性往往能够弥补其他方面性格的缺点，从而能够帮助其走向成功。从职业对气质的要求来说，他们适合医务、图书管理员、情报翻译、营业员、教师、思想教育等方面的工作。

抑郁质的人感情比较细腻和敏感，观察力敏锐，悟性很高，但因孤僻迟缓和不善言辞，常给人以木讷和大智若愚的感觉，这类气质的人，一般适合诗人、作家、画家、哲学家、心理学等其他实用科学的工作。

每一种职业活动都对从事者提出了特殊的气质特征要求，然而在现实生活中，已经在从事着各种职业的人们有相当一部分却不符合所从事职业活动的客观要求。当个人的某些气质特征不适应普通职业活动的客观要求时，可以通过两种途径使自己适应职业活动。一条途径是扬长避短，让个人有缺陷的气质特征从另外一些特征中得到补偿。另一条途径是摆正自己的工作态度，用意志力来弥补个人在职业活动中有缺陷的气质特征，虽然态度对气质的掩盖只起暂时的作用，但在长期从事某种普通职业活动的过程中，具有职业道德修养和坚强信念的人，可以不断地调节自己的行为，这样，适应职业活动的特点也就培养起来了。

第四节　性　格

一、性格

性格指个人对现实的稳定的态度和习惯化了的行为方式。例如，不管是善良还是凶残、诚实还是虚伪、虚心还是自大、勤劳还是软弱等，全是对人的性格特点的形容。就个人而言，性格是由各种性格特点所构成的集合体。

性格是一个人独特的、不易波动的个性特征，它有着超越情境及时间的统一性。性格是在长时间的生活实践中形成的，一旦养成便较为稳定。这种相对稳固的对现实的态度和行为，贯穿在他的所有行为活动中，在相似的、或不一样的情况下全会表露出来。因此，人对现实的每一种看法不能代表他的性格特征。在有些情境下，人对待事物的态度可以归结为情境性的、偶尔性的；同样，也并不是说每一个举止行为都能说明一个人的性格特点，只有形成习惯了的举止行为，才可以表示他的性格特点。

性格与气质不同，气质是与生俱来的，可变性小，并且没有优劣之分；性格是后天的，可变性大，具有优劣之分。性格之所有有优劣之分，主要原因有三：一是性格特征具有社会文化价值；二是性格特征具有道德评价意义；三是性格特征和个人的潜能发挥、身心健康有紧密的联系。

二、性格的类型

性格的类型是指按照某种标准将人们的性格所做的分类。因为性格现象所表现出的繁杂性，在心理学领域到现在还缺少一个受大众认可，且有严谨科学依据的性格分类系统。下面，简要介绍三种比较突出的性格类型。

（一）内倾型和外倾型

瑞士心理学家荣格最早将性格划分为内倾型和外倾型：内倾型又称为内向型，指个性沉静而不善交往的人；外倾型又称为外向型，指个性好动善于交往的人。上述两种类型的不同主要体现在人际适应上。

内倾型特点如下。

（1）倾向于事先计划，三思而后行。严格控制自己的感情，行为很少有攻击性。

（2）性情孤僻，喜欢自我反省，生活规律较强。

（3）热爱读书，不爱主动和人交流，除关系很好的朋友外，对人总是冷漠，保持一定的距离。

（4）很重视道德标准，但有些悲观。

（5）安静。

外倾型特点如下。

（1）常注意外界所发生的事情，好追求刺激，勇于冒险。

（2）随和、乐观、无忧无虑、好开玩笑、情绪来得快，去得也快、易冲动。

（3）好为人师，好与人说话。

（4）喜欢变化的生活，有很多朋友。

（5）善于交际，不喜欢独自学习。

（二）A 型性格、B 型性格和 C 型性格

弗里德曼和罗森曼根据人们在时间急迫感、好胜心及易感身心疾病等方面的不同，把性格划分为 A 型性格、B 型性格和 C 型性格。

A 型性格或称 A 型行为模式，即易患冠心病的行为模式。其主要特征是：① 对时间有紧迫感，做事快，感到时间不够、时间过得快；② 长期处于亢奋状态，总是想同时做几件事情，把工作日程安排得越满越好，每天大部分时间都处于紧张状态；③ 争强好胜，爱与人比高低，强烈希望自己主宰自己的身体和社会环境，并维护控制权；④ 遇到挫折变得敌意和攻击，对他人怀有戒心，缺乏耐心和容忍力。

B 型性格或称为 B 型行为模式，其明显特点是：逍遥自在，不容易慌张，一般无时间紧迫感，不喜欢争强好胜，不急躁，能容忍。

C 型性格又称为癌症倾向性格，不同学者对其描述有所不同，其主要特点是：不表现恼怒，把恼怒藏在心里加以控制；表现出和其他人过分合作，宽恕一些不该宽恕的举止；生活和工作中没有主见和目标；不确定性多；对别人过分耐心；尽量回避各种冲突，不显露消极心理，屈从于权威等。

（三）冲动型与思索型

卡根等人把性格划分为冲动型和思索型两种类型，其差异主要表现在对问题的思考速度上。冲动型的特点是：反应快，但精确性差；该性格的人面对问题时经常急于求成，无法将问题的所有可能性十分准确地剖析出来，往往不顾对错就忙于表现出来，有时甚至没有弄清楚问题，就开始解答；对信息的加工更倾向于采用整体性策略，因此，当学习任务要求做整体性解释时，成绩较好。思索型的特点是：反应慢，但精确度高；该性格的人面对问题时，总是考虑周

全后再做反应；看重解决问题的质量，而不是速度，但对于熟识的、难度系数低的问题，他们表现得还是比较灵敏的，这种人在加工信息时多应用细节性策略，在需要对细节进行剖析时，他们的学习成绩较好。

三、性格形成的影响因素

人的性格并不仅受先天性的种族遗传，同时还是后天环境和教育影响的结果。刚出生的婴儿仅继承了父母的某些神经生理上的遗传素质，他们还没有表现出自己的性格特征。随着年龄的增长，家庭、学校和社会对他们的影响越来越大，加之他们自身心理的成熟，逐渐形成了区别于他人的性格特征。性格的形成虽然主要和后天因素有关，但它和所有心理现象一样，不能脱离生理素质这个基础。

（一）生理因素在性格形成中的作用

1. 遗传是性格形成的物质基础

遗传是指有机体生来就有的有机体构造、形态、感官和神经系统等方面的生理解剖特点。正常的遗传素质是正常性格形成的必要物质前提，先天就具有遗传缺陷的人，不但智力上有缺陷，而且也不能形成正常的性格。

个体之间遗传素质的不同为不同性格的形成提供了最初的可能。与性格差异形成关系较为密切的遗传素质是高级神经活动类型。性格的形成过程就其生理机制来说，是"动力定型"的建立过程。神经活动类型的特点对于性格的形成起着推动或妨碍的作用，主要影响性格形成的速度和难易程度。

2. 生理发展在某些情况下制约性格的形成

生理发展是性格发展的物质基础，生理发展的水平和规律，在一定程度上制约性格发展的水平和规律。首先，在人类的生存和发展中，生理变化与心理相比是比较少的；其次，生理的发展是有规律的，大脑的机能活动、内分泌腺的活动、机体的新陈代谢和生化反应都对人的性格的形成具有一定的影响；最后，身体容貌、生理特长甚至是生理缺陷都会对性格的形成造成影响。

（二）环境因素在性格形成中的作用

1. 家庭环境在性格形成中的作用

儿童最先接触的社会环境是有"社会的细胞"之称的家庭，家庭是制造人类性格的"工厂"。家庭对性格形成的影响，主要表现在家庭结构、家庭气氛、家庭教养形式、孩子在家中的角色及家庭的社会经济地位等。

就家庭结构而言，不一样的家庭结构给儿童提供了不一样的生活环境，使儿童形成了不一样的性格。在两代人家庭中成长的儿童比三代人家庭中生活的儿童，其性格的合群性、敢为性、独立性、自制力、情绪控制、聪慧性、行为习惯及文明礼貌等方面发展更好。家庭结构不完整，如父母离婚或亡故，会对儿童性格的形成产生不利的影响。

就家庭气氛而言，分为融洽与对抗两种家庭气氛，这是由家中全体人员制造的，但夫妻关系起主要决定因素。在整个家庭中，夫妻关系会影响到其他家庭成员之间的关系，影响孩子性格的形成和发展。研究表明。安静畅快家庭中的小孩与氛围沉重及冲突家庭中的小孩在性格上会存在很大的差异。安静畅快家庭中的小孩，能够从家中获取安全感，对于生活态度也会比较乐观，对待他人落落大方，友好和善，并且在学习上也表现得突出。氛围沉重及冲突家庭中的小孩，情绪波动很大，缺失安全感，总是保持精神高度集中，伴有忧郁心理，这样家庭的孩子会十分警惕父母发怒，不能轻易相信他人，易产生情绪和行为问题。

家庭教养方式可划分为三种，不一样的教养方式对小孩性格形成有不一样的影响。第一类是权威型（专制型）教养方式，这种教养方式表现为父母以权威自居，对孩子的一切行动都加以干涉、限制和斥责，有时甚至打骂孩子；对孩子的教育没有耐心，只让孩子听从命令。在这种家庭教养方式下长大的孩子易变得不积极、不主动、服从、软弱、不自信、低自尊、对人怀有敌意、做事没有主动性，严重的还会有不诚实的性格特征。第二类是放纵教养方式，这种教养态度表现为家长对小孩百依百顺，百般宠爱，对孩子没有约束，没有限制和要求，在此类家庭环境下成长的孩子容易形成任意、不成熟、自私、粗鲁、不懂礼貌、自立性差、蛮横无理等性格特征。第三类是民主型教养方式，这种教养态度表现为父母既满足小孩的正当要求，又在一定情况下加以限制；既保护孩子，又给孩子一定的训练；家长间和家长与小孩间关系和谐，父母的此种教养方式可以让小孩形成一些正面的性格特征，如谦虚、诚实、活泼、乐观、耿直、自立、落落大方、擅长沟通、善于合作、思维活跃等。

父母被认为是孩子的第一任教师，是孩子学习的标榜。社会信仰、规范和价值观等是先通过父母的"过滤"再传授给子女，父母的一言一行都会对孩子的性格形成产生影响。孩子任何时候任何地点都在模仿父母的行为，这也是孩子与父母的性格常常类似的原因。

2. 学校教育在性格形成中的作用

学校教育在孩子的性格形成中也起着关键的作用。学校是学生实行有目的、有计划教育的场所。学生在学校里不仅学习、掌握系统的科学文化知识，还发展智力，接受品德和政治教育，以形成优良的性格特征。

知识的学习对性格的形成起着十分重要的作用。学生通过系统地接受知识，了解自然界和社会发展变化的规律，这对形成科学的世界观有着重要的意义，对性格的形成和发展也有重要的意义。学生接受知识的过程，也是一种紧张的智力劳动过程，在这个过程中，可以让学生养成坚毅、顽强的品质，增强学生的组织性与纪律性，养成良好的学习习惯。

集体时性格的形成有特殊意义。学生参加集体生活，接受集体的委托和要求，受到集体公论与评判的影响，这对学生性格的发展都具有重要的影响。例如，集体的委托和信赖，可以发展学生的责任感、义务感，培养学生关心集体、心系他人的品质，增强学生的自信心，使学生对自己有更严格的要求。

教师是学生学习的榜样，教师的行为举止对学生的性格起着十分重要的作用。一般来说，学生年纪越小，受教师的影响越大，对学生，教师要做到言传身教。学生与教师之间的关系也会让学生性格的发展受影响。有威信的教师，学生言听计从，他的高尚品格，如思想进步、强烈的责任心等会对学生产生深刻的影响。没有威信的教师，学生不会愿意接受其教导，他的负面态度，如粗暴、偏心、神经质等，有可能让学生产生自暴自弃、不求上进等不良的心理。

研究表明，喜欢教师的学生说谎较少，不喜欢教师的学生说谎较多。因此，可以看出，师生关系也是学生性格形成的一个因素。

3. 文化、社会因素在性格形成中的作用

儿童都是在某种文化、某种社会和特定的经济地位中被教养起来的。一般的文化背景、社会制度、经济地位都会对儿童性格的形成和发展产生深刻的影响。就文化背景来说，它是一个民族或地区长期生活所形成的一种风俗习惯。每个人一出生就受到这种风俗习惯的影响，小到对孩子的喂养方式，大到孩子的行为举止、道德规范等方面。因此，不一样民族的人，具有不一样的性格特征，生活在不同地方的人，其性格特征也不相同。

不相同的时代、不相同的民族、不相同的社会生活条件和自然环境都会影响人的实践活动，并对他的性格产生深刻影响，从而形成不同时代、不同民族的典型性格。在阶级社会里，不同阶级的实践形成了不同阶级的典型性格。

（三）自我意识在性格形成中的作用

性格是人在社会实践中通过与环境的相互作用形成和发展的，但环境不能直接决定人的性格，它们必须通过人已有的心理发展水平和心理活动才能发生作用，社会各种影响只有为个人所理解和接受，才能转化为个体的需要和动机，才能推动个体去行动。个体的自我意识对性格形成的作用，随着年龄的增长而日益增强。个体已有的理想、信念和世界观等对接受社会影响有决定性的作用，一切外来的影响都要通过自我调节而起作用，从这个意义上说，每个人都在塑造着自己的性格。

随着年龄的增长，自我意识对性格形成的作用越来越明显。因此，根据不同的年龄阶段，可以把性格的发展分为四个主要阶段。

第一阶段：性格形成期（出生至 11 岁左右）。儿童出生以后，开始接触周围的环境，通过环境的影响，形成了一定的态度和习惯性行为。3 岁以前是性格的萌芽期，自我意识和道德意识开始产生。3～5 岁，形成性格雏形。6～11 岁，初步形成性格，自制力、道德观念和行为习惯都开始形成，但这一时期形成的性格不稳定，易受环境的影响。

第二阶段：性格的定型期（12～17 岁左右）。少年期和青年初期是一个心理和生理充满矛盾的时期，也是性格形成的关键时期，教育引导得当就能形成良好的性格；反之，如教育引导不当就可能形成不良的性格。进入少年期以后，生理发育日趋成熟，自我意识的作用体现出来，他们希望能够自立，并像成人一样享受一切。但是，心理发育又很不成熟，这样就形成身心发展的矛盾。如果能够抓住时机，适时引导教育，在自我意识的作用下，就可以形成良好的性格。

第三阶段：性格的成熟期（17～30 岁）。情感内容日益丰富多彩，而且越来越复杂，富有热情和激情，形成某些高级情感，自我意识有了较大的发展，分化为现实自我和理想自我，能够正确地评价自己的一切，自尊和自信都达到了相当高的程度，道德观念、理想和世界观走向诚实。

第四阶段：性格的更年期（55 岁至死亡）。人到了 55 岁，生理上走向衰老，成为身心发展的一个转折点。性格在这一时期也会发生一些变化。变化的大小因不同人的不同情况而异。导致性格变化的原因有两种：其一是生理上衰老，使人感到不适应，产生焦虑、烦恼、不愉快的体验，甚至会感到力不从心；其二是生活环境的变化，如离退休、配偶死亡等，使人意识到晚年的来临。由于这两方面的作用，性格也趋于老化。主要表现为性格强化和性格弱化两个方面：前者表现为思想僵化、急躁孤僻和固执己见；后者表现为缺乏信心、遇事犹豫不决等。当然，也有许多人在晚年仍然能保持良好的性格特征。

第五节　职业兴趣及测量

一、职业兴趣的定义

早在 1912 年，桑代克就开始了对兴趣的研究。兴趣是指建立在需要基础之上，带有积极情绪色彩的认知和活动倾向，是个体对外界事物的偏好和喜爱。兴趣有着个体差异，随着工业化大生产的不断推进，以及应用心理学在管理中的不断应用，如何提高员工的生产率，激励员工，实现人岗匹配，逐渐成为管理学界关注的主题，职业兴趣也慢慢进入人们的视野。

关于职业兴趣，目前还没有一致的看法，各个学者由于研究视角方面不尽相同，定义的职业兴趣也不一样。但是，从总体来看，职业兴趣的定义有以下两种见解：其一，认为职业兴趣是个体喜欢和持久的一种取向；其二，认为职业兴趣和人格特质具有相同的意义，是人格特质和工作环境的一致。

在本书中，我们认为职业兴趣是指人们对某种职业活动具有的比较稳定而持久的心理倾向，它是一个人探究某种职业或从事某种职业活动所表现出来的特殊个性倾向，它使个人对某种职业给予优先的注意，并具有向往的情感。由于兴趣爱好不同，人们的职业兴趣也存在较大差别。职业兴趣对职业选择和职业发展都有一定的影响。

二、职业兴趣的影响因素

职业兴趣的形成主要与个体后天环境、教育有着重要的关系，而与天生的遗传特质并没有太强的关联。通常认为个体的职业兴趣在少年期变化较大，在这个时期，个体的职业兴趣还没有定型；到了高中时期，个体的职业兴趣开始逐步形成，到了青年期之后职业兴趣逐渐定型并趋于稳定。个体在成长的过程中会遇到很多迥异的环境，个体会直接或间接地参与各种活动，并达到一定的操作水平。这类操作被选择性强化，通过反复的活动，个体能渐渐形成技能并产生对这类活动的某种期待。

职业兴趣的影响因素有哪些？基于已有的一些研究，本书认为，这些影响因素主要有以下六种。

（一）遗传因素

虽然职业兴趣并不是天生的，但是遗传因素对职业兴趣的形成也有很大的影响。有研究显示，基因对很多心理特征和行为起着重要作用。哈维等认为，基因不仅仅在很大程度上影响着人们的职业选择，当各种职业所要求的生理条件保持不变时，员工工作满意度和职业道德方面仍有大约百分之三十的变化源自于遗传因素；布沙尔认为，从总体上来看，人格中百分之四十的变异和智力中百分之五十的变异都和遗传有关。因此，我们认为遗传因素在职业兴趣的形成中起着重要的作用，但是这种影响不能被过分夸大，遗传只能提供心理与行为表达的可能性，而外界环境和教育才是职业兴趣形成的现实条件。

（二）家庭环境

家庭作为社会的基本单元，对个体的心理发展都起着重要的作用。很多人在幼年期就在家庭环境中感受其父母的职业活动，随着时间的积累，个体渐渐形成了自己对职业价值的认识，导致个体在进行职业选择时，难以避免带有家庭色彩。个体在职业价值观、职业兴趣和职业选择上由于家庭环境的作用，会产生一定的趋同性，个人职业选择也会与家庭成员商议决定。

（三）个人认识和情感

兴趣和个人的认识和情感密切相连，个体如果对某种事物没有接触，也就不会对它产生兴趣。同理，如果一个人缺乏某种职业知识，甚至是一点也不了解这种职业，那这个人也就不会对此职业产生兴趣。职业兴趣的浓厚取决于个人认识是否深刻、感情是否丰富。

（四）社会环境

社会环境对个体职业兴趣的影响主要表现在传统文化、社会认可、政策导向等方面，主要的影响因素是政府就业政策；传统文化影响着职业选择的方向和模式，如封建社会的重农轻商观念；社会认可反映了社会对某项事物价值的认同，大多数个体都会选择社会认可程度高的职业，并对此容易产生兴趣。

（五）受教育程度

个体接受教育的程度是影响其职业兴趣的关键因素。客观上，每一种社会职业观上对其从业人员都有必要的条件，而个人的知识与技能水平在一定程度上取决于其受教育程度。通常来说，个体的受教育程度越高，受到的职业培训范围越广，其职业选择的领域就越宽，从而影响着个体职业兴趣。

（六）职业需求

职业需求是一定时期内工作单位对劳动力提供的不同职业岗位的总需求，它是影响个人职业兴趣的客观因素，职业需求越广、类别越广，个人职业选择的范围就越大。职业需求对个人的职业兴趣起到一定的导向作用。

除此之外，实践经验、职业价值观、职业能力、人格类型、气质类型等都对职业兴趣的形成有着一定的影响，在职业生涯规划中都需予以考虑。

三、职业兴趣的分类

不仅职业兴趣的定义众说纷纭，职业兴趣划分方法也不尽相同，按照时间顺序，我们把不同学者的职业兴趣类别汇总，如表 4-5 所示。

表 4-5　职业兴趣分类汇总表

研究者	职业兴趣类别
瑟斯顿	科学、群众、语言、商业
霍兰德	现实型、研究型、艺术型、社会型、企业型、常规型
布雷纳德	商业类、机械类、自由职业类、艺术类、科学类、农业类、个人服务类
罗伊	艺术类、服务类、商业类、组织类、技术类、户外类、科学类、传统类
舒伯	科学类、社会福利类、文学类、材料类、系统类、社交类、艺术表达类、艺术解释类
库特	户外类、机械类、算机类、科学类、说服类、艺术类、文学类、音乐类、社会服务类、公务类

在众多的职业兴趣分类中，霍兰德的六维度职业兴趣类别的影响最为广泛。尽管如此，由于职业兴趣在形成过程中受到经济、文化、宗教等多方面的影响，霍兰德的职业兴趣划分方法也受到了种种考验，其中最主要的是跨文化的挑战。

四、职业兴趣与职业生活

良好而稳定的兴趣使人从事各种实践活动时，怀着高度的积极性和自觉性，个体根据稳定的兴趣选择某种职业，兴趣就能发挥个人最大的积极性，激励个人在职业生活中做出成就；相反，兴趣就会阻碍个体积极性的发挥，并很难从职业生活中得到心理满足，这将对职业发展不利。

需要是影响职业选择的重要的且不易察觉的内在因素；动机是在需要支配下受到外在刺激影响而形成的综合性动力因素，并影响着职业选择；兴趣是在需要基础上受到动机的影响，从而对职业选择产生一定影响的外在因素。

五、职业兴趣理论

不同学者思考职业兴趣的角度不同，对于职业兴趣的定义、结构等也不尽相同，本书主要介绍以下四种职业兴趣理论。

（一）罗伊圆形模型理论

罗伊以能力、职责技能水平等为基础，将职业兴趣划分为八个类型：技术类、户外类、科学类、一般文化类、艺术与娱乐类、服务类、商业接触类和组织类。罗伊认为，根据职业活动过程中人际关系的性质和程度，可以用一个特定的圆形来表示这八种职业兴趣之间的关系，邻近的职业领域在人际关系的程度和性质方面更加相似。

（二）霍兰德职业兴趣人格类型理论

霍兰德提出，兴趣是描述人格特质的一种方法，是关于职业选择中最重要的人格的一种更加广泛的概念。他进一步指出个体职业选择的依据就是寻找那些能够满足其成长的环境，个人对工作环境知道越多，他（她）就越容易做出正确的职业选择，霍兰德的职业兴趣理论的一系列假设如下。

（1）个体的人格类型可以分为现实型（R）、研究型（I）、艺术型（A）、社会型（S）、企业家型（E）、传统型（C）；同样，现实中的工作环境也分为以上六种类型。

（2）个体都在努力地寻求适合他们的职业环境。

（3）个体的行为受到先天遗传因素和社会环境共同的影响。

霍兰德认为只有同一类型的个体与职业的联结，才能达到满意的状态；在此种状态下，个体找到合适的职业，职业获得合适的人才，人岗匹配。霍兰德认为人格六边形中的六种人格类型及工作环境类型是可以通过测量得到的，也就是说，个体有可能通过相关的测量工作得出自己的人格类型，并据此找到与此合适的工作；他进一步指出，这个人格类型六边形模型的六个顶点的排列顺序是可以预测的，即 R—I—A—S—E—C；除此之外，该模型还存在着相邻、相隔及相对三种规律。

（1）相邻规律

相邻人格类型与职业环境之间的相关性最大。现实型与传统型和研究型相邻，它们之间具有较多的共性，相似程度也最高。也就是说，尽管根据人格类型与工作环境匹配的原则，现实型的个体选择现实型的工作环境最能容易获得工作满意感，体会到工作的乐趣，并最大限度地发挥自己的能力。但是，由于每个人有良好的适应能力，且相邻人格类型或者职业环境之间有很大的相似性，所以现实型的个体也可以从事研究型的工作或传统型的工作，而不至于不能发挥自己的能力。

（2）相隔规律

相隔人格类型或职业环境之间的相关性次于相邻的人格类型或职业环境，但高于相对的人格类型或职业环境。与相邻规律一样，相隔的人格类型或职业环境之间有着一定的相似性，也存在着一定的不一致性根据这种规律，现实型的人从事企业家型或艺术型的工作没有现实型的人从事现实型的工作，甚至没有现实型的人从事传统型或研究型的工作匹配程度好。

（3）相对规律

相对规律表明，相对的人格类型或职业环境之间基本上属于相斥的关系，如社会型与现实型、艺术型与传统型及研究型与企业家型。根据相对规律，社会型的人若从事社会型的工作，那么很可能很难适应工作，更无法胜任工作。

（三）加蒂的层级模型理论

加蒂提出兴趣划分不可能发生在一个特定的时间点上，也不可能发生在一个特殊的水平上；相反，他认为兴趣是一个连续的过程，在每一个过程中，个体的兴趣在某一特殊水平上和某一特定领域没进行分化。因此，加蒂提出了职业兴趣的层级模型理论，他提出如下假设。

（1）人们根据某一方面特点或某一属性来判断职业，如上班环境、工资福利、工作内容等。

（2）个体对职业的知觉程度会随着共同方面的增加或不同方面的减少而加深。

（3）个体对职业相似性的知觉可以通过一个层级的树形式结构来表示。

（4）职业兴趣的结构与这个层级结构有一致性。

在层级模型中，兴趣按照层级水平进行排列。在最顶层，职业兴趣分为两个大组：软科学和硬科学。这两个大组又分为许多不同的小组，这些不同的小组又分为几个不同的领域，领域的数量和领域的特征都取决于所采用的分类系统，各个领域还可以再划分不同的职业。在层级模型中用"树形"来表示领域或类型之间的邻近距离，领域或类型位于树枝的终点，用连接任何两对类型或领域之间的树枝的最短距离来反映它们的距离。层级模型可以理解为特征树，每个树枝都代表了所有职业共有的方面或特征。

层级模型不是以简单的步骤对职业兴趣进行分类，而是通过不同的步骤进行，即通过显著的特征将职业兴趣进行第一层级分类，之后根据越来越小的差异进行第二层级的分类。他进一步提出，霍兰德的六边形结构模型可以改为三分组模型。在这个模型中，R 与 I、A 与 S、E 与 C 分别是层级结构最底层的三个组，这三个组共同构成了一个大组，形成层级结构的第二层，这个模型能更好地拟合 RIASEC 数据。

（四）特雷西-朗兹球形模型理论

特雷西和朗兹根据三个维度来划分职业兴趣：人物事物、数据观念、名望。他们提出，在人物事物、数据观念两个维度构成的圆周上，分布着八种基本兴趣：管理、商业细节、社会促进、机械、数据加工、艺术、助人、自然或户外。根据名望维度，从高到低可以把职业兴趣分为十种基本类型：影响、科学、社会科学、财务分析、商业系统、建筑修理、人事服务、基础服务、质量控制和手工劳动，其中前面五种类型属于高名望维度基本兴趣，后面五种类型属于低名望维度基本兴趣（如图 4-1 所示）。

从高名望所在的北极向下看，名望维度上的兴趣依次为：管理、科学、社会科学、财务分析和商业系统；下半球表示的是，从低名望的南极向上看，名望维度上的兴趣依次为手工劳动、建筑修理、人事服务、基础服务和质量控制。

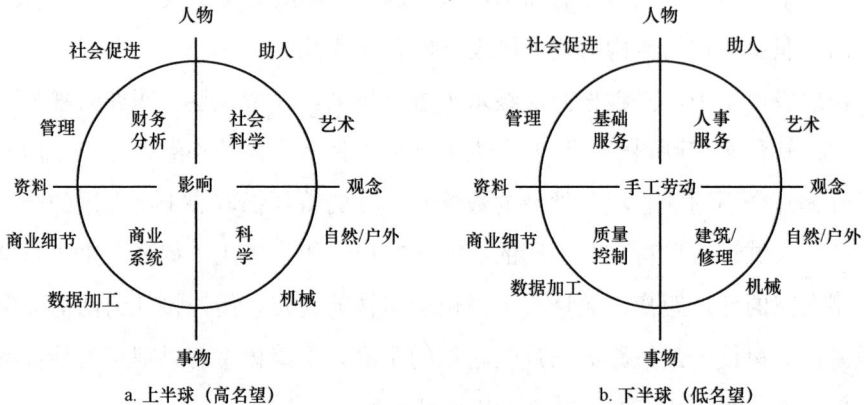

图 4-1　球形模型理论图

该模型与以往理论的显著差别就在于加入了名望维度。特雷西和朗兹提出名望维度以前没有被考虑到职业兴趣理论中，主要有两种原因：其一，是人们认为名望不是兴趣属性而是职业属性；其二，是在方法学上对职业兴趣的评量中没有名望。经过研究，特雷西和朗兹证实名望是职业兴趣的一个必要的维度，例如，物理学家（社会科学型）、理财分析师（财务分析型）等属于高名望的职业；而机床操作员（手工劳动型）、环卫工（基础服务型）等属于低名望的职业。

六、职业兴趣测量

西方学者在职业兴趣方面的研究大概始于第一次世界大战期间。瑟斯顿在斯普朗格六种价值观类型（经济型、宗教型、权力型、社会型、理论型和审美型）的基础上，结合自己对因素研究的结果，把职业兴趣划分为十个范围，每一个范围又罗列了 20 个职业名称，通过项目对比法来测量被试者的兴趣爱好。他编制的量表为瑟斯顿职业兴趣调查表。之后，霍尔和杜兰特编制了一个涉及学习、娱乐等内容的兴趣测量量表——卡内基兴趣量表。

从职业兴趣测量研究历史来看，职业兴趣的测量主要包含三种类型的测量工具：一是职业问卷，以斯特朗编制的量表及库德编制的职业兴趣调查表（KOIS）为代表；二是基本兴趣问卷，以弗雷德里编制的量表为代表；三是广义职业定向或职业人格类型量表，具有代表性的是霍兰德的人格类型理论及其编制的量表。

最早真正意义上的职业兴趣量表是斯特朗依据经验法编制的斯特朗职业兴趣表，主要用来测量个人兴趣与特定职业领域的人的相似性。之后，坎贝尔多次对该量表进行了修改，增加了基本兴趣量表和一般职业条目，分别用来确定具有一定概括性的职业领域（共 23 个领域）和确定霍兰德的六种职业类型，该量表称为斯特朗-坎贝尔兴趣量表（SCII）

库德运用描述各种运动的短句对一群大学生进行测验，从被试者的反应中确定句子的种类，最后编制出了一个包括十个兴趣范围的量表，后被称为库德职业兴趣调查表。该量表所包含的十个兴趣范围分别是文秘型、机械型、服务型、说服型、艺术型、文学型、音乐型、计算型、科研型和户外型。库德把全部职业划分成十个兴趣领域，然后确定与之对应的十个相同质性量表，被试者的结果按这十个量表打分，依据得分高低判断主要的兴趣领域。

目前影响最为广泛的是霍兰德提出的职业兴趣理论，以及以此为基础编制的职业偏好量表和自我导向搜寻表。

霍兰德认为人格可以看成是由价值观、兴趣、信仰、态度、需要、技能和学习风格组成的，对于职业选择来说，兴趣是入职匹配过程中最重要的人格。

霍兰德对 7 500 种职业进行了编码，形成了《霍兰德职业代码词典》，为各类人员依照自身的人格类型寻找匹配的工作提供了极大的帮助。他根据人格类型理论编制了职业偏好量表，该量表包含 160 个条目，这 160 个条目又分别归属于六种人格类型和与之对应的职业环境类型，即现实型、研究型、艺术型、社会型、企业家型和传统型。个体通过测量，根据自己在 160 个条目上得分的多少可以在职业分类表中找到最适合自己的职业类型。

在职业偏好量表的基础上，霍兰德编写了一张自己管理、计分和解释结果的职业咨询工具——自我导向探查表。该量表共包括四个部分：第一部分，列出自己理想的职业；第二部分是测量部分，分别测活动、潜能、爱好的职业及自我能力评定四个方面；第三部分按照六种类型（现实型等）在以上四个方面的得分多少，依据从多到少抽取三种类型构成三字母职业代码和所要求的教育水平。由此得到的职业代码可在第四部分寻找适合的职业。

随着职业兴趣测量工具的发展，这些工具之间显示出了一种相互吸收、相互融合的趋势。例如，库德在其职业兴趣调查表（KOIS）中融入斯特朗以经验法编写量表的思维，坎贝尔又把 KOIS 中的同质性量表融入到其量表 SVIB 中。特别是在霍兰德提出了人格类型理论之后，各种测量工具开始以其作为依据进行修订，展现出一种经验与理论相结合的现象。另外，大部分量表的组成结构都为三层次，第一层次一般为霍兰德的六种人格类型；第二层次通常为概括的职业类别，这个层次上不同学者的职业类别分类有所不同；第三层次为具体的职业量表，其数目也不尽相同。

目前国际上最受喜爱的三大职业兴趣测验是霍兰德的自我导向探查表、库德职业兴趣调查表及斯特朗－坎贝尔兴趣量表。

第五章
职业生涯发展概论

第一节　职业概述

我们为何要面对职业选择的问题？从事何种职业对我们的人生意味着什么呢？有人说人生应当以事业为重，也有人说亲情和家庭是人生最重要的内容，还有人说享受人生才不枉到人世间走一遭。那么，我们应如何看待这形形色色的人生态度呢？

一、人生的角色

如今，人的一生不是一场你输我赢的竞赛，而是一次互相合作的旅途。在步入工业社会尤其是当下的信息社会后，人类社会变得越来越以人为本、强调促进每一个人的自由发展，每个人都可以拥有属于自己的人生理想，每个人都可以根据自己的天赋、经历、所处的环境来确立独特的发展目标，每个人都可以拥有独立的个人价值坐标，在自己的价值体系中寻求最大满足的人生；而社会，也在每个个体的价值实现、满足幸福中获得最大的进步。换句话说，在过去，社会的多数人都在抢夺为数很少的"大家都想要"的"位子"，而在今天，我们每个人都可以为自己设定旅途的目的地，成为自己人生的主人。因此，我们要认真思考自己究竟想要什么样的人生，想要往哪里去。

那么，一个人的人生究竟要如何设计呢？美国生涯发展学家舒伯认为，人生就是选择某些人生角色、放弃某些人生角色，以及用什么方式承担所选择的人生角色的过程。舒伯认为，大多数人在一生中都会扮演九种主要的角色，依次是子女、学生、休闲者、公民、工作者、夫妻、持家者、父母和退休者。人的一生就是选择，以及如何承担这些角色的过程，人们因为承担的角色及承担方式的不同而呈现出多样的人生。

（一）学生角色

有些人上大学，是经过自己认真思考，抱着学习更多的知识、获得更大的能力、建立更好的人际关系而来的，而有些人则是无意识的、觉得必须要读大学而读大学，没有自己内在的想法和目标，这就是承担角色的方式不同。看起来每个人都承担了大学生这个角色，但前者是主动选择这个角色，是角色的主人，而后者是被动、无意识地选择，是角色的俘虏。前者会根据自己的目标来主动选择学习的内容、学习的方式，会主动、努力地投入到学习中；后者则是被动地学习学校安排的课程，很难享受到学习的乐趣，体会到学习的意义，且更容易感受到压力，更容易放弃对成就的追求。更糟糕的是，很多人被动地读了大学，然后继续被动地读硕士研究生，甚至博士研究生，读完之后还是不清楚自己为何要选择这样的人生。

（二）夫妻（伴侣）、持家者和父母角色

夫妻（伴侣）、持家者和父母这三个角色都是家庭角色，是从不同的角度来看待家庭的，这些角色内在都包含了浓浓的情感。夫妻（伴侣）角色是要跟另一个人建立起亲密的、愿意承诺相互扶持走完一生的关系；持家者是指愿意承担起一个家庭的社会功能，如赚钱养家、买房置业、缴费纳税等；父母则是指愿意生育小孩，并用心去爱、去教育他（她）长大成人。你喜欢这些角色吗？你了解这些角色的要求吗？你希望自己何时承担这些角色，又如何承担呢？这些都需要个体认真思考。

（三）公民角色

从法律意义来说，公民是指具有一个国家的国籍，并根据该国宪法和法律，享有权利并承担义务的自然人。首先，从法律意义上，公民有权按照法律规定的方式放弃中国国籍选择外国国籍；其次，更重要的是，公民是一个法律概念，而公民角色承担是一个心理概念，简言之，你是一个法律意义上的公民，并不见得是一个心理与行为表现都合格的公民。仅仅拥有国籍而不主动关心国家和社会的发展，不参与涉及多数人利益的公共事务，不关心社会的公平与公正，不关心环境的优劣变化，对弱势群体的不幸与艰难视若无睹，甚至不履行公民应尽的责任和义务，那就不能称之为公民，也就是放弃承担公民角色。

（四）休闲者角色

这难道还是一个角色吗？难道休闲还有这么重要的地位？还要把休闲拿出来和公民、父母这些角色并列放在一起来考虑？是的，休闲者角色就是这么重要。从时间上分，一天 24 小时，减去生理时间（吃、喝、拉、撒、睡）和工作时间，剩下的时间称为闲暇时间，对一般人来说，也是将近三分之一天的时间。加上退休后更多的闲暇时间，实际上多数人一生的闲暇时间超过了人生总长度的三分之一。更有学者指出，生产的根本目的之一就是创造更多的财富，机器把人们从繁重的劳动中解放出来，使人们拥有越来越多的闲暇时光，休闲成为人们生活的重要组成部分。马克思认为"休闲"是用于娱乐和休息的余暇时间，它包括个人受教育的时间、发展智力的时间、履行社会职能的时间、进行社交活动的时间、自由运用体力和智力的时间。选择何种休闲方式，是每个大学生成长为一个独立、负责、成熟的个体必须要思考的内容。在大学生活中，社团生活往往是同学们休闲者角色的主要载体，选择社团、选择休闲生活不仅能够有益于身心健康，往往还是个人职业生涯发展的策源地。

（五）工作者角色

在人的一生中，最美好、精力最充沛的时间都是在工作中度过的，人生的主体，在所有角色中居于核心地位的是工作者角色，即职业角色。

二、职业角色的重要性

职业角色之所以是核心角色，是因为它是满足人们最重要的几种需求的主要途径。

（一）职业能满足人们生存的需要

蔡元培先生说："凡人不可以无职业，何则？无职业者，不足以自存也。"

对个体来讲，生存是第一位的，先有生存才有成功。工作能够获得报酬，可以换来我们生活所需要的各种必需品：食物、衣服、住房、交通工具等等，从而满足人们生活的需要。人类社会发展到今天，已经基本解决了温饱问题，一个人只要愿意劳动，生存都不会有问题。对于大多数人来说，职业角色还是其他所有角色的基础和前提，只有把工作做好，才有可能去建立家庭、养育孩子，才有可能去娱乐、休闲，才有可能去践行一个公民的使命。

（二）职业能满足人们建立人际关系、赢得尊重的需要

工作能够扩大个人的生活圈子，建立更为广泛的人际交往关系。工作环境是人们除家庭外最重要的人际交往环境，也是人们发展友谊、情感最重要的场所之一。所谓"志同道合"，就是指人们选择相同的职业，在共同的追求中发展出稳定、坚固的友谊。那些共同经历挑战、挫折、成功和失败的同事，是一个人人生中最为宝贵的财富。

（三）职业能够满足人们对快乐、满足感和成就感的需要

在做自己喜欢的工作时，人们常常会忘记时间、忘记周围的一切，全身心沉浸在工作中，甚至达到忘我的境界。积极心理学家米哈伊-契克森特米哈伊认为，人们感到最为愉快和满足，不是在很放松、什么事也不做的时候，而是专心致志、积极参与某项活动，以至于忘记了时间和自己的时候。这时，人们不考虑事情的回报也不担心自己的表现，只是忘情投入，享受过程中的快乐。

为什么专心致志地积极参与某项活动会让人忘情投入呢？哲学家罗素认为，有两大因素使工作变得有趣：一是技能的运用，二是建设性。凡是具有某项特殊技能的人，总乐于展示它，并在运用这些技巧能力的过程中得到享受。他认为，一切技术性的工作都可以是令人愉快的，只要工作需求的技术还有不断提升的空间，人们就能从技术的提升和展示中不断得到快乐。工作还具有另一种有趣甚至让人感到幸福的成分，它比起技能的运用来更为重要，这便是建设性。在很多工作中，当事情完成的时候，会留下某种类似纪念碑的东西。在建设中，事情的原始状态是较杂乱无章的，而其最终状态却体现了一种成就，当建设工作完成时，人们会久久地凝望着它，欣喜不已。最令人满意的工作，就是能使人完成一个接着一个的建设性任务，取得一个接着一个的成功，就此

而言，建设性才是幸福的源泉。

有心理学家认为，以上三种需求的满足对应着三种工作境界：赚钱谋生、事业、使命。

第一种境界是赚钱谋生。对这种境界的工作者来说，工作只是完成任务换取报酬的手段，工作者谈不上喜欢这份职业，内心里也没有主动去做的意愿。请注意，这里的境界并非客观的状态而是主观的感受，也就是说并非所有赚钱谋生的人都是这种工作态度，有很多人也是出于生计做某种职业，但却尽情投入并热爱。

第二种境界是事业。把工作当事业的人，除了注重财富的积累外，还会关注事业的发展和成就，重视外界评价、声望或者权力。会主动地投入时间到工作中，即便外界毫无要求。他渴望通过工作建立自己在社会上的地位，将职业成就视为个人人生的成就。将职业看作事业的人，因为其成就主要来源于外界的认可，所以倘若未能得到渴望的权力、成就或者声望，那将对其职业生涯造成巨大的打击。

第三种境界是使命。英格兰足球运动员约翰·克拉克说认为，所谓的使命，就是你奉命要做之事。奉谁或什么之命呢？就是你自己，这个命令发自你内心深处。那些持有使命取向的人很难将职业与生活中的其他部分区分开来，他们工作的目的不是来自外界的金钱收益或权力地位，而是在工作中获得的满足感和意义感。他们最重要的特点是，在做这件事情时，能够感受到发自内心深处的热情和强大的力量，具有使命取向的人经常感到他们的工作能使世界变得更加美好。

那么，是不是只有伟大的革命事业才是使命呢？其实任何一种工作在本质上都不是使命，也没有任何一种工作在本质上不能变成使命。使命和赚钱的基本差异并不在于工作的内容与性质，而在于工作的动机与态度。纵观那些做出杰出成就的人，他们工作的动机并非只是为了得到金钱和权力回报，而是工作本身的乐趣、建设性和成就感让他们乐此不疲。

三、职业的特征

职业对于人的重要性在于它能够满足人的多重需要，那职业到底是什么呢？

简言之，职业是一种社会分工，工作者用自己的能力完成这个分工所要求的一系列工作任务，并从中获取自己想要的回报。维持一份职业，有四个关键因素：自己的需求、工作的回报、工作的要求和自己的能力。

每个人都是为了满足自己的需求而去工作的，无论是自己和家人生活的需要，还是为了照顾世上弱者的内心需求，人们希望通过自己的工作来满足这些需求。因此，工作的回报要符合人们的需求，人们才会在这个岗位上继续工作下去。

组织和雇主以什么为依据给员工提供工作的回报呢？答案就是工作能力。能力是职业的核心要素，是雇主雇佣工作者的首要因素。因此，在大学期间，我们生涯发展的核心任务就是不断提升自己的能力，这个能力包括通用能力，如沟通表达、人际交往、团队合作、信息管理、英语、批判性思维等，也包括各种专业能力，如计算机编程、设计与制造、金融管理、教育教学、刑法诉讼、治疗疾病、社区管理等。

工作能力如何体现呢？工作能力体现在满足社会需求、解决特定问题上。古语有云："学会文武艺，货与帝王家；帝王不用，卖与识家；识家不用，仗义行侠。"古时候为皇上效力那是最高荣耀的职业，有能力首先要奉献给朝廷；如果帝王不用呢，那就要找到重视、认可这个能力的行家。如果没有人认可，那就自己做一个行侠仗义的自由职业者吧！无论是何种能力，只要你精通娴熟，不愁没有"买家"。能力能够满足的人数越多，或者满足他人的需求程度越深，工作就越成功。

运用自己的高水平能力服务社会并取得回报，是职业的基本特征。但这并非职业的本质特征，职业的本质特征是爱。

爱是对工作对象和工作内容的积极情感，是职业道德的内在基础。俗话说"干一行，爱一行"，唯有对自己的职业倾注了积极的情感，这个职业才会有生命力。在晋商故地山西祁县乔家大院，有一副传家的对联写道："经商有道惟存厚，处事无奇但率真"，精辟地道出了经商的职业道德：对人宽厚，做事求真。今天在我国食品卫生、环境保护等多个领域出现的诸如"三鹿奶粉"之类的造假制假、以次充好等恶性事件，除了检讨法律缺位的问题，也不能忽略相关从业者丧失了基本的职业情感，因而对工作对象和工作内容毫无尊重，更谈不上热爱。

全国"五一劳动奖章"获得者方文墨热爱自己的工作，他视自己的工作对象——冰冷的钢铁器件为有温度和情感的生命，用他的身心去完成这份职业，这是爱的体现。冰冷的器件都可以有生命，那么作为农民工作对象的大地和农作物，在一个真正杰出的农民眼里，更是富有情感的生命了。

第二节　大学生的职业发展

职业对于人如此重要，大学生应该高度重视自己职业的规划与发展，寻找自己可以投放精力和提升能力的领域，寻找自己热爱的工作对象和工作内容。在这个问题上，有些人的目标已经清楚，但大部分人还在探索之中。处于探索中的同学，时常会感到迷茫和焦虑：为什么别人都有明确的目标，而我还没有呢？职业规划书告诉我们，事业的成功需要确立长期而稳定的职业目标，并为自己制定 20～30 年的发展规划，这样一步一步扎实努力才会迎来最终的成功。但很多同学发现无法为自己找到这样长远而稳定的目标，是不是未来就会很暗淡？如果没有长远目标，那该怎么办呢？下面将针对这些问题进行阐述。

一、线性路径和非线性路径

（一）线性路径

由于我国高考制度的影响，很多大学生在高中时用功苦读，几乎将全部的时间都花在了学习高考范围内的几门课程上，把考上一所好大学作为唯一的目标。这样做的结果就是，如愿以偿地进入了自己心仪或至少能够接受的大学，却完全不知道接下来要做什么，目标何在。纵然有些同学是根据自己的兴趣选择了专业，真正接触后却怀疑这门专业是否值得去读。很多同学对此很不适应，觉得大学生活不充实很空虚，迫切想要给自己树立一个长远的目标来为之奋斗。那么，该如何确立自己的职业目标呢？很多流行的职业规划书籍都会介绍职业规划三部曲：了解自己的特质，包括自己的能力、兴趣、价值观和人格特点；了解职业世界，包括各行各业的基本特点；把两者联系起来，找到最匹配自己特质的职业，然后以它为目标，制定出一条从学校到工作岗位的无障碍直线通道，最终实现人生目标。这种"知己知彼，入职匹配"的思路是不是非常完美呢？

这种看似完美的想法是在 20 世纪早期的美国形成的关于职业选择的理论。美国工程学教授弗兰克·帕森斯创立了"特质－因素"理论来帮助人们选择职业，他也因此被称为职业指导之父。帕森斯把"特质"定义为一个人所具有的、可以通过心理测验表现出来的特点，把"因素"定义为某种职业的特征。他设计、应用了许多职业测评工具，把人们的兴趣和能力同他们潜在的职业进行匹配，他认为每一个个体都有一个最适合的职业，只要运用科学的测评工具加上翔实的职业资料就能够为每个求职者做出最好的决定。这个理论能够减少职业选择过程中的运气成分和不确定因素，正如一些书籍和网站会整整齐齐列出"五步通往职业成功"的步骤，要求你尽快制定目标，向目标前进。比如，有个同学从小梦想当外交官，她努力学习外语，后来考上了外交学院，毕业后如愿以偿进了外交部。我们将这种有明确目标和清晰路线图的职业发展模式称为线性路径。

（二）非线性路径

一百年过去了，这个世界发生了翻天覆地的变化，已经从前现代社会历经现代社会发展到了后现代社会，以准确了解自我特征、完整把握职场信息为前提假设的模型已经很难适应。物理学中相对论、量子理论和混沌理论的诞生，说明自然界都不是由因果律所支配的那样确定无疑，输入初始条件就可以确定结果，正如混沌理论所描述的蝴蝶效应，初始条件的微小差异可以带来结果的巨大不同，而且是不可预测的。

自然是这样，人生也是这样。在全球化、信息化的今天，互联网革命方兴未艾，社会各行各业都面临着从传统模式向互联网模式的转型，全球化让人员、资本、信息和物品的流动范围越来越大、速度越来越快，每个个体都身处一个全球化的复杂大系统中。人们不再是孤立的存在，不仅受到本省市、本国发展变化的影响，还会受到国际形势的影响人的职业发展路径也呈现出非线性的特点。

二、设立短期目标，重视偶发事件

（一）设立短期目标

是否一定要有一个长远的职业目标？如果没有的话我们要怎么办？答案是

放轻松，在充满各种可能性的世界里，不一定必须要有一个明确的长期目标，甚至不需要回答这个问题。

　　一方面如上文所说，身处一个高度复杂的社会大系统，职业发展受到很多未知的、不可控因素的影响，无法做出长期的规划和安排；另一方面，个人也处在不断的成长变化之中。心理测量作为心理学历史最为悠久的实际应用，其社会价值已经得到广泛认可，尤其是在人才选拔和职业选择中发挥了非常重要的作用，用人单位和个体都可以根据自己的测评结果做出恰当的决定。但是心理测评用在长期职业规划上就存在很大的问题，今天的测评结果只能用于今天的职业选择，不大适合选择未来的职业，原因就是我们的这些特征在大学期间并不是稳定不变的，有时还会发生巨大的变化。

　　前面说到，高中阶段由于高考导致学习、生活的内容很单一，局限在几门高考课程的学习上，我们内在的兴趣、能力和天赋都缺乏发展和展示的途径。上大学后，学习内容变得更加丰富，除了有全新的专业课程，还有大量的有趣的选修课。在课程学习外，大学的社团活动也多姿多彩。我们喜欢学什么、喜欢做什么，擅长什么、不擅长什么，认为什么有价值有意义，都不是固定不变的，也不是只通过冥想和内省就能够发现的，而是在有了充分的经历，如学习了各种课程、从事了各种活动后，经过比较才能明白的。一个人在年轻时不用去设定一定要做什么不做什么，可以多学习、多尝试，然后再决定要走的路。

　　人对自己兴趣、能力和个性的认识，都是基于过去的生活经验而获得的，那么，随着大量新的经验产生，通过不断地体验、不断地比较，会不断产生新的认识，然后逐渐清晰。因此，大学阶段是人们探索自我、发现自我、建立自我的关键时期，在这个过程中，人们不需要急于对自己下结论，而要更积极地投入到大学生活中，在不同的学习中、在不同的活动过程中、在大量的实践中去形成对自我的认识。

　　必须要说明的是，职业发展并无放之四海而皆准的普遍真理，环境和个体的差异会带来发展方式的差异，多数人在年轻时还需要更多的摸索、试探，然后再决定自己的人生方向，但也有少数人或者因为有某方面强大的天赋或强烈的兴趣，或者已经完成充分的探索，或者已经形成强大的意义认同进而形成了稳定、清晰的长期发展目标，那么，就为它努力吧！只不过在努力的过程中，要保持开放的心态，根据外界的情况做出适当的调整，而不是僵化、刻板地执行原定计划。

（二）重视偶发事件

一项关于职业发展的研究发现，70%的个体的职业决策受到了偶发事件的影响。

偶发事件是指不在人们事先安排和预料范围内的事情。生命中那些超出计划范围的事件及突发状况，比起我们精心安排的事情，往往更能影响生命中重大的决定。一次偶然的会面，一次失约，一次临时决定的假期旅行，一个偶然的讲座报告，一个偶然认识的朋友，这些各种各样的经验都可能影响我们生命的方向和职业的选择。

生活在一个开放的复杂系统中，注定了要面对很多的偶然事件，环境越丰富，人和人的联系越多，偶发事件就越多。人们愿意到大城市生活，实际上就是在追求一种充满新奇和偶发事件的生活。人的出生本身就是一个偶发的、无法被自己规划的事情，一生的发展也因为有各种偶然事件而充满了各种可能。如果人生的一切都是被规划、安排好的，那也将是毫无趣味的！事实上，这样受偶发事件影响人生方向的例子比比皆是。

马云是在 1995 年被聘为翻译到美国出差时偶然接触到诞生不久的互联网的；美籍华裔脱口秀明星黄西是在一次偶然的讲笑话中开始自己的职业转型的；俞敏洪如果没有受到北大的处分就不会辞职创办新东方；如果没有恢复高考，张艺谋可能就会在国棉八厂做一辈子工人……

偶发事件有些是积极的，有些是消极的。正如"塞翁失马，焉知非福"的故事一样，有些积极的事件背后蕴藏着消极的内容，有些消极的事件恰恰是人生转机的伪装，能够抓住机遇或者将貌似消极的事件转变成真正的人生契机，就会促进个人发展，因此需要我们用正确的态度去面对。

重视偶发事件还不止于用积极乐观的态度面对负面的意外，更要去规划偶发事件。偶发事件可以规划吗？如果能够规划那还叫偶发事件吗？规划偶发事件并不意味着去刻意安排一件偶发的事件，安排出来的的确不能够叫偶发事件。规划偶发事件是指通过有意识的行动去增加某一事件的出现概率。虽然我们不能安排某些事情的发生，但是幸运绝非偶然，某些人的成功看起来是巨大幸运的事件，其背后都有着一定的必然性，和主人公的努力是无法分开的。用毕业求职这件事情来说，几乎所有的就业都是偶发事件，因为大学生无法安排用人单位贴出招聘启事，更无法安排自己喜欢的公司聘用自己。但学生可以通过积极参加招聘会、主动发送简历和求职信、认识想进入行业的从业者、和其他同学一起建立求职网络等方式来扩大自己的求职成功概率，这样做不能保证一定会求职成功，但一定能够增大成功概率，这就是规划偶然事件。

三、行动是职业发展的唯一途径

（一）立足校园，不断探索

迷茫是大学生的普遍心态，无法看清未来更无法控制未来，常常使人失去方向和动力，陷入更大的焦虑。经由上面的分析，可以看到这种通过建立未来的目标来给今天的自己以动力的想法是一种错误的思维方式，正确的方法是通过探索现实的大学生活拓宽自己的眼界，慢慢发现并去创造未来。

大学是职业发展的摇篮，大学生活影响了未来的职业生涯。学生在进入大学后，首先要面对的就是自己的专业学科，这是大学生活最重要的内容，也是对未来影响最大的内容，因为某种程度上选择学科就是选择职业。

作为一个当代大学生，在学习上并不是要被专业所束缚，而是要成为学习的主人，选择自己真正爱学、能学的学科去学习。一个人一旦发现自己真正爱做的事，就是一个自由的人，就会有能力、信心和主动创造的力量。但是如果你不知道自己真正爱做、爱学的是什么，你只是被动地服从家长或者学校给你的安排，毕业后只好去做人人都想做的公务员、央企职员等，可能很稳定，却不能过一个真正属于自己的人生，没有投入，没有创新，没有使命感。

那么，该怎么去发现自己爱学、能学的专业学科呢？是看国家的需要、家长的想法还是凭自己的感觉？看看社会需要什么、国家需要什么、什么好找工作来决定自己要学什么吗？答案是每个人都必须追随自己的感受去发现什么是爱学、爱做的事，而不是仅从社会需要的角度来选择职业和专业，更不要仅从赚钱的角度来选择职业和专业，否则我们永远无法弄清楚自己到底爱做什么、擅长什么，也就无法创造性地做出成就，更无法发挥自己的最大价值，无法最大限度地服务社会。即便得到了谋生工具，也只能是谋生工具，职业的层次只能停留在赚钱的层面而无法达到使命的层次。而如果你发现了自己爱做的事，你自然就会得到谋生的工具。

胡适先生曾说："现在的青年太倾向于现实了，不凭性之所近，力之所能去选课。譬如一位有作诗天才的人，不进中文系学作诗，而偏要去医学院学外科，那么文学院便失去了一个一流的诗人，而国内却添了一个三四流甚至五流的饭桶外科医生，这是国家的损失，也是你们自己的损失。"胡适先生还说："当初所填的志愿，不要当做最后的决定，只当做暂时的方向。要在大学一、二年级的时候，东摸摸西摸摸地瞎摸。不要有短见，十八九岁的青年仍没有能力决定自己的前途、职业。进大学后第一年到处去摸、去看，探险去，不知道的我偏要去学。如在中学时候的数学不好，现在我偏要去学，中学时不感兴趣，也许是老师不好。现在去听听最好的教授的讲课，也许会提起你的兴趣。好的先生会指导你走上一个好的方向，第一年、第二年甚至于第三年还来得及，只要依着自己'性之所近，力之所能'的去做，这是清代大儒章学诚的话。"

（二）用行动创造未来

无论选择哪一种职业，良好的教育都必不可少，这世上不存在不把书念完就能拿到好工作的美梦，任何工作，都需要付出汗水。我们受教育如何，不仅对我们个人的未来有重要意义，对整个国家，乃至世界都有重要影响。今天在学校学习的内容，将会决定我们整个国家在未来迎接重大挑战时的表现。

在探索、行动的过程中，个体不可能对所选的每门课程都兴趣盎然，不可能和每位教师都相处融洽，也不可能每次都参加令人非常满意的社团活动。但是，没关系，我们还是要继续探索、继续体验、继续深入。在选定方向后，我们不可能每门课都考高分，得到每个老师的欣赏，获得每个社团活动的成功，我们很可能会失败。但是，没关系，因为在这个世界上，最成功的人们往往也经历过最多的失败。他们的成功，源于他们明白人不能让失败左右自己，而是要从中汲取经验，从失败中可以明白下一次自己可以做出怎样的改变。

很多时候，我们的能力赶不上我们的期待。我们所能做的就是不断地培养自己的能力，在实现内心想法的道路上，走得更快一些，脚踩得更踏实一些。最可怕的不是我们行动得慢，或是能力增长得少，而是我们一直停留在一个静止的状态，每天都在抱怨、厌倦和迷茫中度过，从没有为更好的自己做出一点改变。

我们要深信：今日的失败，都是由于过去的不努力。今日的努力，必定在将来有大的收获。最悲观、最失望的时候，正是我们必须坚定信心的时候，天下没有白费的努力。要想每天都有进步，最重要的是行动，就是抓住现有的生活，扎实地向前，努力让自己做得更好，而不是站在那里，仰望天空，抱怨未来的遥远。

第六章
职业适应与发展

第一节　角色转换与职业适应

从学生角色到职业人角色的转换是每个大学生必须经历的过程，也是人生中最重要的一次转折。

一、角色转换

"角色"本意指演戏的人化装后扮演的戏剧中的人物，后来这一概念也被运用到社会心理学中，社会也是一个大舞台，社会中的人扮演着各种各样的角色。

社会生活中，人的社会任务或职业生涯随着自身所处的内外环境变化而变化，社会角色也随之变化。一个人从一种角色转换为另一种角色的过程称为角色转换。通常，一个人会经常变换自己的角色，就如同舞台上的演员一样。人处在不同的社会地位，从事不同的职业，有相应的行为模式，即扮演不同的社会角色。例如，下班回家，就要从职业角色变换为家庭成员的角色。这种经常性的由上级到下级、由领导到子女、由学生到老师等的转换，都是角色的转换。

角色冲突是普遍存在的。从事职业的变化、职务的升迁、家庭成员的增减，都会产生新旧角色的转换。新旧角色转换过程中必然伴随着新旧角色的冲突，不过可以通过角色协调使角色冲突尽可能降至最低。协调新旧角色冲突的有效方法是角色学习，即通过观念培养和技能训练以提高角色扮演能力，使角色得以成功转换。

（一）学生角色与职业角色的转换

从学生角色向职业角色的转换是人生最重要的角色转换之一。根据社会心理学的角色理论，大学毕业生从学生角色到职业角色的转换，必然伴随着角色冲突、角色学习和角色协调等一系列过程。因此，大学生在开始自己的职业生涯之前，应该学习一些相关的知识，对自我、社会、即将从事的职业进行细致深入的了解和调查分析，找出自身的不足，提高心理承受能力和抗挫折能力，加强角色认知，做好上岗前的各项准备，以便顺利实现角色转换。

1. 学生角色向职业角色转换的三个阶段

（1）在校期间的实践是角色转换的基础。学习期间的专业劳动和社会实践是学生接触社会、走向社会的第一步。专业劳动技能训练使学生充分认识专业特点，巩固专业思想，有利于学生更好地锻炼自己的专业技能，有利于学生对职业角色的认可。社会实践是学生运用自身专业特长，展示才能、服务社会的重要渠道，可以作为角色转换的准预备阶段，能够有力推动学生在毕业实习期间演习角色的转换，促进学生角色向职业角色转换。

（2）毕业前的角色转换。目前，我国大学毕业生在每年的6月份离校，奔赴工作岗位，但是就业工作一般从最后一个学年就开始了，可以说，这一时期是毕业生转换角色的重要阶段。毕业前夕是择业的黄金时期，毕业生在与用人单位接触的过程中，能够比较全面地了解到用人单位的基本情况，切身体会到社会对自己的认可程度，并依据自身的感受调整职业期望值，实事求是地定位自己的职业，这是从学生角色向职业角色转换的第一步，为大学生的职业角色确定了基调，对角色的转换将产生深远的影响。

（3）见习期的角色转换。一般来说，大学毕业生进入党政机关或企事业单位工作的第一年为见习期，之后转为正式人员。有人形象地称之为"磨合期"。初到工作岗位，生活和工作环境与大学相比，有很大区别，高校大多位于大中城市，且大学阶段学习和生活环境比较优越，空闲的时间比较多，生活节奏比较慢，压力较小。而职业岗位不一定在城市，有的环境艰苦，由于工作繁忙，经常要加班，属于自己的时间很少，从大学学习环境向职业环境转变，往往加剧角色冲突。因此，大学生要加强见习期的角色学习，使角色顺利转变。

2. 职业角色的基本要求

刚参加工作的大学毕业生要在较短的时间内获得同事的认同和领导的肯定，应当从以下四个方面提高和锻炼自己。

（1）要善于展现自己的优良品格。大学生因为具有新知识而受到领导的青睐，但也容易因此与一些同事产生一定的距离。因此，大学生在同事面前一定要表现得谦虚、随和，在尊重有经验的老同事的同时，适度展现自己的知识，以谦虚诚恳的态度与同事探讨问题，真诚待人；或在交流中让大家了解自己的为人和性格，表明自己的世界观、人生观和价值观，缩短与同事间的距离，与大家融洽相处。

（2）要树立工作的责任意识。大学毕业生都对未来有美好的愿望，想在事业上有所作为，但大多数大学毕业生在走上工作岗位时不会被委以重任，而是先从简单的辅助工作做起，这也符合人才成长的基本规律。但是，有不少人认为自己被大材小用，对一些工作不愿意干，甚至闹情绪。干任何一项工作，都要有足够的热情，要有丰富的经验和随机应变的能力。这种经验和能力的获得并非一朝一夕之功，而要靠平时工作中的积累和训练，因此，不管工作大小，都要以满腔的热情、高度的事业心和责任感来对待，圆满完成任务。

（3）要培养实事求是的工作作风。大学毕业生具有较强的自尊心和自立意识，在工作上想独当一面，取得成就，但有时工作上难免出错。工作上出现错误并不可怕，可怕的是不能正确面对错误、承认错误。工作中一旦出现错误，要认真分析原因，总结经验教训，找准失误点。要敢于向领导和同事承认错误，勇于承担责任，以获得领导和同事的同情和理解。同时，要虚心学习、请教，汲取教训，防止类似的错误再次发生。

（4）要重视岗前培训。岗前培训对于刚刚走上工作岗位的大学毕业生的角色转换是非常重要和必要的。它不仅能让新员工了解单位的基本情况、熟悉规章制度和工作程序，更重要的是能使大学毕业生树立集体主义观念，培养他们的人际协调能力和奉献精神。从某种意义上讲，岗前培训可以直接反映新员工的素质，因此单位都非常重视，并依此择优录用、分配岗位。毕业生一定要以认真的态度，把握好这样一次充实自己、表现自己和提升自己的良机。事实证明，很多毕业生就是因为在岗前培训期间显露才华、表现出色而被委以重任的。

（二）职业角色转换中容易出现的问题

大学生在从学生角色向职业角色转换的过程中，往往会面临新旧角色的冲突。有些人受社会因素、家庭因素，尤其是自身认知能力、人格心理发展、意志品质及情绪情感等因素影响，不能正确认识角色转换的实质，或在角色转换中不能持之以恒，于是在从学生角色到职业角色的转换过程中会出现以下问题。

1. 对学生角色的依恋

在职业生涯开始之初，许多人常常不自觉地把自己放置于学生角色之中，以学生角色的社会义务和社会规范来要求自己、对待工作，以学生角色的习惯方式来待人接物，来观察和分析事物。

2. 对职业角色的畏惧

一些大学毕业生在刚走进新的工作环境时不知道工作该从何入手、如何应对，在工作中缩手缩脚，怕担责任，怕出事故，怕闹笑话，怕造成不好的影响，放不开手脚，缺乏年轻人的朝气和锐气。

3. 思想上的自傲

有的毕业生对人才的理解不够全面和准确，认为自己接受了比较系统正规的教育，拿到了文凭，学到了知识，已经是较高层次的人才了，因而可能看不起基层工作和基层工作人员，甚至认为自己做一些琐碎的、不起眼的工作是大材小用，于是轻视实践、眼高手低。

4. 作风上的浮躁

一些毕业生在角色转换的过程中表现出不踏实的浮躁之气和不稳定的情绪，一会儿想干这个工作，一会儿又想干那个工作，不能深入工作内部去了解工作的性质、工作职责及工作技巧。有的毕业生就职相当长时间还不能稳定情绪，不能去适应职业角色，反而认为单位有问题。其实，如果不能静下心来踏踏实实学习，适应工作，不管什么样的工作岗位都不会适合。

以上这些问题的存在，会严重影响大学毕业生从学生角色转换为职业角色的进程，每个刚参加工作的毕业生都必须认真对待，加以克服。

二、职业适应

职业适应包括从生理层面到心理层面，再到工作层面、社会层面的适应。

（一）生理适应

生理适应包括对工作时间、劳动强度、紧张程度、情绪调控等方面的适应。

步入职场，从学生角色转换成职业角色，原来的许多生活习惯要适时改变。在职场中，迟到、早退等无视工作纪律的问题，可能会带来严重的后果。所以，首先要调整生活规律，早睡早起，坚持锻炼身体，关注职业形象，遵守职业纪律和职业道德，在短时间内适应职场生活。

（二）心理适应

心理适应包括个人观念和意识的适应、角色适应、情感态度适应、意志适应、个性适应等方面。心理适应要注意以下问题。

1. 公正地评价自我

进入工作单位，熟悉工作环境之后，首先要对自己所从事的工作从整体上进行分析。先分析自己对工作的适应条件，后对自己的能力进行正确评估，对未来进行职业目标规划。

这个阶段心理调适的重点在于：保持心态平和，切忌攀比和轻易跳槽。很多职场新手稍不满意就轻言放弃，受损失的不仅是用人单位，更是自己。因此，在职场中要兢兢业业、踏踏实实地工作，善于抓住机遇，全面展示自己的才华。

2. 正确调整失落心态

人的失落心态总是在动机冲突难以解决的情况下出现。怀有失落心态的人，内心始终有现实和理想之间的剧烈冲突，这种无法控制外界的无力感与梦想的破灭感交织形成相互加强的效果，让心理旋涡反复出现。产生这种失落心态与不正确的心理定位直接相关，解决的办法是要放下思想包袱，对自我有一个充分、全面、正确的分析，这样有利于对自我情绪的有效控制和调整。例如，你如果能够客观地认识到自己急躁的性格，那么你就能因自我暗示或有意识地控制而保持一颗平和的心，从而不容易再因别人跟不上自己的步调而生气了。

工作后，你到了一个更大的环境中，这里高手如云，可能自己显得相对较弱，这就会产生心理落差。其实只要经过自己的刻苦努力，情况是可以改变的，不要过分纠结于结果，而要着手做应做的事。

3. 调节自己的认知方式

人对事物的不同认知会导致情绪的极大不同。情绪常常是取决于人对事物的看法，换个角度心情会迥然不同。相同的半杯水在有的人眼中是"只剩下半杯，挨不了多久了"，而有的人看到的是"还有半杯呢，希望还在"。因此，在受到情绪困扰的时候，通过调节自己的认知方式来调节情绪，就是将自己从原有的思维方式中抽离出来，试着从另一个层面思考。

认识是一个不断发展的过程。对于自我认知，要不停地审视其是否合理，适时调整。对于相同的刺激，不同的评价会带来不同的情绪反应。失落也许并不是因为事情真的非常糟糕，而是因为你认为它很糟糕，它就真的变糟糕了。

4. 转移注意力

心理学研究表明，在发生情绪反应时，大脑皮层上会出现一个强烈的兴奋中心。这时如果另外找一些新的刺激，引起新的兴奋中心，就可以抵消或冲淡原来的兴奋中心。所以当你失落时，最好采取行动，分散自己的注意力。

转移也是有技巧的，消极转移到抽烟、喝酒上只会让失落感加强，甚至自暴自弃。而积极的转移则是将时间、精力从消极情绪中转到有利于个人未来发展的方向上，体育运动就不失为一种积极的转移方法。体育运动可以松弛紧张情绪，又可以消耗体力，使消沉者活跃、激愤者平静，达到平衡的目的。

失落往往伴随着挫败感，而挫败感是可以由成功后带来的自信抵消的。所以找出一个你认可的长处，不论大小，在失落的时候，做自己擅长的事，从中得到成就感，增强自信心。

另外，也可以去为别人做事，这样不仅可以将烦恼忘记，而且可以从中体验到自己的存在价值，在别人的感谢和夸赞中坚定信心。

5. 克服工作压力

大学生在校期间学到的知识和技能是很有限的，初入职场心理压力往往比较大，害怕在工作中出现错误。所以，消除初入职场时的心理压力是重中之重。

这一阶段心理调适的重点，首先，使自己适应工作节奏，为承担重要工作做好准备；其次，虚心学习，不断丰富自己的专业知识，提高专业技能，运用自身掌握的知识去解决问题，培养自己的独立见解，展示自己的潜能，使自己逐步具备独立开展工作的能力；最后，要尽快融入集体，建立良好的人际关系，更好地承担角色责任。总之，要努力为单位创造效益，做出贡献。

（三）知识技能适应和岗位适应

这是指对工作岗位所需的知识、技术和能力的适应，以及对劳动制度和岗位规范的适应等。

学校教育比较注重理论知识的学习，然而职场中更注重实践能力和经验。因此，大学生要进行再学习。再学习可以让你尽快掌握工作的知识和技能，正所谓"干到老，学到老"。学习不但是一种心态，更应该是一种生活方式。

人在职场，所有人都是老师。谁疏于学习，谁就难以提高，谁就可能不会创新，谁就会被社会淘汰。谁能够终生学习，谁就能适应职业岗位不断变化的要求。学习不但增强了个人的竞争力，也增强了单位的整体竞争力。

（四）环境适应

在管理学中有一个蘑菇定律：刚开始生长的蘑菇因为得不到阳光又没有肥料，常面临自生自灭的状况，只有长到足够高、足够壮的时候，才被人们关注。蘑菇定律通常是指初学者被置于不受重视的部门或干打杂跑腿的工作，处于自生自灭（得不到必要的指导和提携）的状态。组织对新进的人员都是一视同仁的，从起薪到工作都不会有大的差别。无论你是多么优秀的人，在刚开始的时候，都只能从最简单的事情做起。很多职场新手心气高、目标远大，希望走上工作岗位大展拳脚，对于上级交办的简单工作不屑一顾，眼高手低，最后连基础的工作都做不好。对于职场新手而言，只有快速度过这个阶段，树立端正的职业态度，正确进行职业定位，才能早日摆脱蘑菇定律。

1. 踏踏实实做好每一项工作

职场新手对单位的整个工作环境及工作流程都比较陌生，可能连最基本的复印、传真都需要他人指导。在这种情况下，上级对待新人的通常做法是交派一些诸如打字、翻译、资料检索等最基本、最简单的工作，这是每一个新人进入职场后通常接受的第一门功课。然而，许多职场新手对此心存抱怨，认为就是打杂。其实，看似简单的工作能让职场新手了解工作的整体操作流程，同时也可以考验一名员工的品质，使其端正工作态度。

2. 积极适应环境

毕业生在进入职场之前总会有很多的幻想，如理想的行业、理想的职位、理想的收入等，直到真正进入职场之后才发现"理想很丰满，现实很骨感"。事实上，理想的工作环境是不存在的，现实的工作环境总有各种不如意。因此，职场新手要学会自我调节，认清自己的优、缺点，明确自己的优势和不足，客观地看待职场生活，以愉快的心情适应工作环境，立足现实，求得自身发展。

很多毕业生真正到了工作岗位才发现，在大学里学的理论知识很多在单位里根本用不上，单位需要有足够的执行能力、应用能力，这些在大学里并不曾学过。还有的不适应艰苦、紧张的基层生活，不习惯单位的一些制度、做法，在心理上就会产生很大的落差，对现有岗位感到失望，觉得处处不如意、事事不顺心。因此，毕业生在踏上工作岗位后，根据现实环境调整自己的期望值和目标就变得十分重要，看问题不能理想化，对外部要求要切合实际，承受挫折的能力要强，要擅长自我调整，不断地充实和提高自己，这样获得的积累将是职业生涯中的一笔宝贵财富。遇到挫折、困难不能失落与彷徨，要找时间与同事谈谈心，与朋友聊聊天，把"掉在地上的心"重新拾起来。

3. 等待机会，厚积薄发

机会永远只垂青有准备的人。对于职场新手而言，在这个信息爆炸的社会里，缺乏的不是机会，而是蓄势的远见与忍受平淡的耐力。职场竞赛，比的是耐力和信念，这是一场长跑，凭短暂的热情和速度难以获得最终的胜利。因此，毕业生在进入职场后，仍需要不断提高自己，提升信念，等待时机来临，脱颖而出。

（五）人际关系适应

职场的人际关系相对复杂，职场新手应该把姿态放低一点，谦恭有礼，赢得好感，才有利于开创工作局面。要努力工作，适当表现自己，最大限度地争取上级和同事的认可。

1. 正确处理人际关系的重要原则

处理好人际关系的关键是要站在他人的角度考虑问题，理解他人的感受，既满足自己，又尊重别人。

（1）真诚原则。真诚是打开心灵的金钥匙，真诚的人使人产生安全感，减少心理防卫。越是好的人际关系越需要双方暴露一部分自我，也就是把自己真实的想法与人交流。当然，这样做会冒一定的风险，但是完全把自己包裹起来是无法获得别人的信任的。

（2）主动原则。对人友好，主动表达善意，能够使人产生受重视的感觉。主动的人往往令人产生好感。

（3）交互原则。人的善意和恶意是相互的，一般情况下，真诚换来真诚，敌意招致敌意。因此，与人交往应从良好的动机出发。

（4）平等原则。良好的人际关系让人体验到自由、无拘无束的感觉。如果一方受到另一方的限制，或者一方需要看另一方的脸色行事，就无法建立起高质量的人际关系。

2. 如何正确处理人际关系

处理好人际关系是职业生涯中一个非常重要的课题，良好的人际关系是舒心工作、安心生活的必要条件。如今的毕业生绝大部分是独生子女，刚从学校里出来，自我意识较强，来到社会错综复杂的大环境里，更应在人际关系方面调整好自己的心态。

（1）与上司的关系：尊重、磨合和主动请示

① 先尊重后磨合。任何一个上司，干到这个职位上，至少有某些过人之处。他们丰富的工作经验和待人接物的方法，都是值得学习的，我们应该尊重他们。但每一个上司都不是完美的，所以在工作中，唯上司之命是并无必要，但也应记住，给上司提意见只是本职工作中的一小部分，尽量完善、改进、迈向新的

台阶才是最终目的。要让上司心悦诚服地接纳你的观点，应在尊重的氛围里，有礼有节有分寸地磨合。不过，在提出意见前，一定要拿出足以说服对方的理由。

②　主动请示汇报工作。上级最苦恼的事情之一就是不知道下级在干什么、干得如何，称职的下级必须主动、及时地向上级汇报自己的工作。汇报时，要注重两个方面：一是做了什么，有什么结果或者成果，不必讲细节；二是还打算做什么，怎么做，为什么这么做，也不要讲细节。既不要在汇报中夹带请示事项，也不要把汇报当成请功，不仅要报喜，更要报忧。

对于超越自己管理权限的事项，下级必须请示，不能先斩后奏、越权办理。请示时，必须给出至少两个可供上级选择的建议，而且必须有自己明确的主张，绝不能只把问题抛给上级，自己没有任何主见。对于属于自己管理权限之内的事项，特别是日常的、例行的工作，只要依照权限主动去做就行了，只须及时向上级汇报结果即可。如此，上级会认为下级是一个有主见、有魄力的人。如果出于对上级的"敬畏"而事事请示，上级就会对下级的工作主见、工作魄力甚至领导力产生疑问。

（2）与同事的关系：多理解，慎支持

在办公室里上班，与同事相处得久了，彼此都有了一定的了解。在发生误解和争执的时候，一定要换个角度、站在对方的立场上想一想，理解一下人家的处境，千万别情绪化，导致矛盾激化。任何背后议论和指桑骂槐都会破坏自己的形象，并受到旁人的抵触。同时，对工作要拥有诚挚的热情，对同事则必须慎重地支持。

（3）与朋友的关系：善交际，勤联络

在竞争激烈的社会，铁饭碗不复存在，一个人很少在一个单位终其一生，所以多交一些朋友很有必要。空闲的时候给朋友打个电话、发个电子邮件，哪怕是只言片语，朋友也会心存感激。

（4）与下属的关系：多帮助，细倾听

在工作上，只有职位上的差异，人格上是平等的。在员工及下属面前，我们只是一个领头带班的而已，没什么值得荣耀和得意之处。帮助下属，其实是在帮助自己，因为员工们的积极性发挥得越好，工作就会完成得越出色，你也会获得更多的尊重，树立开明的形象。倾听能了解工作的实际情况，为准确反馈信息、调整管理方式提供准确的依据。

（5）与竞争对手的关系：多尊重，求超载

在我们的工作中，处处都有竞争对手。许多人对竞争者处处设防，更有甚者，还会在背后冷不防地"插上一刀、踩上一脚"。这种做法只会增加彼此间的隔阂，制造紧张气氛，对工作无疑是有百害而无一利。其实，在一个集体里，每个人的工作都很重要，任何人都有闪光之处。当你超越对手时，没必要蔑视人家，别人也在寻求上进；当对手超越你时，你也不必存心添乱，因为工作成绩是大家共同努力的结果。

第二节　初入职场的人际沟通

职场人士每天至少有三分之一的时间在职场中度过，能否从工作中获得满足感与快乐，能否爱岗敬业并最终成就一番事业，领导、同事和下属均发挥着重要作用。因此，在职场中，如何与领导、同事及下属进行沟通和交往，是职场人士必须面对的一个问题。讲究职场沟通艺术，不仅可以使职场人际关系更加和谐融洽，大大提高工作效率，还可以减少矛盾与冲突，营造健康优良的工作环境。

一、初入职场人际沟通原则

初入职场者在进行人际沟通时要注意遵循以下五个基本原则。

（一）尊重对方

尊重对方是沟通的前提，礼貌是对他人尊重的情感外露，是谈话双方顺畅沟通的前提。因此，在与人沟通时，要多用礼貌语言。

（二）真诚守信

真诚是打开他人心灵的金钥匙，真诚的人能使人产生安全感，减少心理防卫。良好的人际关系需要沟通双方暴露一部分自我，把自己真实的想法说出来。答应他人的事一定要尽力完成，因种种原因难以践行承诺的，要及时说明原因。

（三）主动交往

主动与人友好相处、主动表达善意能够使对方产生受重视的感觉，令人产生好感。要想做好本职工作，不仅要取得上司的信任，还必须与同事保持和谐的关系，这样才能得到他们的支持与帮助。只要有机会，初入职场者就要主动与同事多交流、多沟通。初入职场，一定要做到宽容、与人为善。与同事出现了误会，首先要反思自身，然后主动想办法化解和消除误会。只有这样，人际关系才会更加和谐。

（四）信息组织

所谓信息组织就是沟通双方在沟通之前应该尽可能地掌握相关的信息，在向对方传递这些信息时，尽可能简明、清晰、具体。初入职场的年轻人由于以前没有工作经验，在与人沟通时很容易给同事或上级一种"异想天开、脱离实际、年轻气盛"的感觉，降低或消除这种感觉最好的办法就是尽可能充分准备，使自己的建议建立在事实基础上，这样才能具有说服力和可执行性。切不可仅凭借自己的观察和主观判断就提出问题，而没有针对问题的解决方案。

（五）保持适当距离

在人际交往中，一方面要积极主动地与各方面交往，扩大交际范围，保持良好的人际关系；另一方面要注意不给人拉帮结派的印象，也就是说，既要积极主动与人交往，又要注意保持适当距离。所谓适当距离，就是无论关系多密切、交情多深，也要在彼此真诚相待的基础上互相尊重，不干扰对方的私生活，在和谐中保持各自的独立。

二、初入职场人际沟通技巧

（一）自信的态度

自信是取得良好沟通效果的前提，在职场沟通过程中，不随波逐流或唯唯诺诺，有自己的想法，才能赢得他人的尊重与信赖，才能充分调动交际对象沟通的积极性。

（二）体谅他人的行为

所谓体谅对方，是指设身处地地为别人着想，并且体会对方的感受与需要。在人际交往过程中，要想有效地对他人表示体谅和关心，唯有设身处地地为对方着想才行。由于我们的了解与尊重，对方也会理解我们的立场，从而给予积极的回应。

（三）有效地直接告诉对方

一位知名的谈判专家在谈到他的谈判经验时说道："我在各个国际商谈场合中，时常会以'我觉得'（说出自己的感受）、'我希望'（说出自己的要求或期望）为开端，结果常会令人极为满意。"其实，这种行为就是直言不讳地告诉对方自己的要求与感受。若能有效地直接告诉对方自己想要表达的思想，有利于建立良好的人际关系，但是在沟通时，也要善于控制。有时，即使说话的出发点是善良的，但如果讲话的口气太强势，对方听起来也很不舒服。因此，在与人沟通时，尽量做到"异中求同，圆融沟通"。

（四）善用询问与倾听

询问与倾听用来控制自己的行为，让自己不要为了维护权利而侵犯他人的行为。尤其是在对方行为退缩、默不作声或欲言又止时，可用询问引出对方真正的想法，了解对方的立场、需求、愿望、意见与感受，并且运用积极倾听的方式来诱导对方发表意见。一位善于沟通的人绝对善于询问及倾听他人的意见与感受。

三、与上级的沟通

职场沟通的对象包括领导、同事和下属。对象不同，沟通的技巧也有所不同。

上下级之间的良好沟通，无论是对个人还是对组织，都具有非常重要的意义。对于下级来说，通过与上级的良好沟通，既能全面、准确地了解相关信息，进而提高工作效率，又可以向领导及时表达自己的思想、观念，有利于自己在职场上快速发展。另外，在与上级沟通时，一定要注意选择合适的沟通渠道，确保沟通的质量。

（一）与上级沟通的原则

与职场上其他交际对象相比，上级领导这个群体具有特殊性。从在组织机构中的作用方面看，他们位高权重、影响范围广；从个性特征来讲，他们稳重老练、能力过人。因此，在与上级沟通的过程中，除遵循一般的人际沟通原则以外，还有一些特殊的原则。

1. 服从至上

上级在组织机构中处于高层，他们一般能掌握全局情况，对问题的分析、处理比较周全，能够从大局出发。在与上级沟通中，坚持服从原则，是现代管理的基本特征，是一切组织通行的原则，也是组织得以生存和不断发展的基本条件。如果下属与上级沟通时持对抗态度、拒不服从，这样的组织是无法形成统一意志的，组织就会如同一盘散沙，不可能有大的发展。当然，服从不是盲从，下属一旦发现上级有明显失误，就要敢于谏言，及时向领导反馈。

2. 不卑不亢

与上级沟通，既不能唯唯诺诺，一味附和，也不要恃才傲物、目中无人。作为下级，一定要尊重领导的意见，维护领导的威信，理解领导的难处与苦衷，提出不同的意见或建议时，要选择适当的时机，用上级易于接受的方式。这样，无论是对工作，还是对沟通双方的感情、建立融洽的人际关系，都是很有益处的。

3. 充分准备，工作为重

上下级之间主要是工作关系，因此，下属在与上级沟通时，应从工作出发，以工作的开展为沟通的主要内容。切不可在上级面前搬弄是非或一味地对上级讨好谄媚、阿谀奉承，丧失理性和原则。在与上级沟通之前，一定要广泛收集相关信息，做好信息的分析与整理工作，尽量形成明确的结论。

4. 掌握有效的沟通技巧

同普通人一样，上级领导的性格特征也千差万别。作为下属，一定要在对上级充分了解的基础上，寻找沟通的最佳方式和技巧。

（二）与上级沟通的技巧

1. 坦诚相待，主动沟通

初入职场，最为重要的就是要与人坦诚相待，给人留下坦率、真诚的印象。在与上级沟通时，对工作中的事情不要试图隐瞒，要以开放而坦率的态度与之交流，这样才能赢得上级的信任。在实际工作中，任何人都难免犯错误，犯错不要紧，重要的是要尽早与上级沟通，得到他的指正和帮助，同时取得谅解。消极沟通，不仅不能取得上级的谅解，反而有可能让其产生误解。

2. 心怀仰慕，把握尺度

只有对上级怀有仰慕的心情，才能实现有效沟通。与领导交谈时，要有积极的心态，还要把握尺度。对上级交办的事情要慎重，看问题要有自己的立场和观点，不能一味附和；对领导个人的事情，作为下属，不要妄加评论；对领导提出的问题发表评论时，应当掌握分寸。

3. 注意场合，选择时机

领导的心情，在很大程度上影响到与之沟通的效果。当领导的工作比较顺利、心情比较轻松时，沟通效果会更好。领导心情不好时，最好不要与之沟通。

4. 尊重权威，委婉交谈

不论领导是否值得敬佩，下属都必须尊重他。与上级沟通时要用委婉的语气，切不可意气用事，更不能放任自己的情绪。总之，下属与上级沟通要讲究方法、运用技巧。

（三）与各种性格的领导打交道的技巧

由于个人的素质和经历不同，领导会有不同的领导风格。揣摩领导的不同性格，在与他们交往的过程中区别对待，运用不同的沟通技巧，会取得更好的沟通效果。

1. 与控制型的领导进行沟通

（1）控制型领导的性格特征是：态度强硬；充满竞争心态；要求下属立即服从；讲求实际、果决，旨在求胜，对琐事不感兴趣。

（2）沟通技巧：重在简明扼要，干脆利索，不拖泥带水，不拐弯抹角。面对这一类领导，无关紧要的话少说，直截了当、开门见山地谈即可。此外，这类领导很重视自己的权威，不喜欢下属违抗自己的命令，所以应该尊重他们的权威，认真对待他们的命令，多称赞他们的成就，而不是他们的个性和人品。

2. 与互动型的领导进行沟通

（1）互动型领导的性格特征是：善于交际，喜欢与他人互动交流；凡事喜欢参与。

（2）沟通技巧：面对互动型领导，赞美的话语一定要真心诚意、言之有物。他们喜欢与下属当面沟通，喜欢下属能与自己开诚布公地谈问题。即使对他有意见，他也希望能够摆在桌面上交谈，厌恶在私下发泄不满情绪的下属。

3. 与实事求是型的领导进行沟通

（1）实事求是型领导的性格特征是：讲究逻辑性，不喜欢感情用事；为人处世自有一套标准；喜欢弄清楚事情的来龙去脉；擅长理性思考，是方法论的最佳实践者。

（2）沟通技巧：与实事求是型领导沟通时，可以直接谈他们感兴趣而且具有实质性的内容。他们喜欢直截了当的方式，对其提出的问题也最好直接作答。同时，在进行工作汇报时，多就一些关键细节加以说明。

四、与同事的沟通

对职场人士来说，处理好同事关系至关重要。所谓同事关系，是指同一组织内部处于同一层次的员工之间的横向人际关系。同事之间最容易形成利益关系，如果不能及时、有效地沟通，就容易形成隔阂。因此，适时地与同事进行沟通，既有利于营造和谐的工作环境，也有利于各项工作的顺利开展。

（一）与同事沟通的技巧

同事之间既是合作者又是潜在的竞争者，同事关系是一种非常微妙的人际关系。因此，职场人士在与同事相处时一定要特别注意沟通艺术。

在与同事沟通时，通常要注意以下五个方面。

1. 主动交流沟通

人际关系要顺畅，彼此的交流是前提。因此，在紧张的工作之余主动找同事谈谈心、聊聊天和请教一些问题是非常必要的。在主动沟通中应注意把握四点：一是要选择合适的时间、地点、场合，选择易引起对方兴趣的话题；二是要保持诚恳、谦虚的态度；三是要随时观察对方的心理变化，因势利导，随机应变；四是要注意语言艺术。

2. 懂得相互欣赏

职场人士都希望自己的职业和工作受到别人的重视，得到他人较高的评价。因此，在职场人际交往过程中，要善于发现同事的优点、长处及其在工作中取得的成绩和进步，并及时地加以肯定和赞美。一句由衷的赞美，既可以表达对同事的尊重，又会赢得对方的好感，进而融洽彼此之间的关系。

3. 保持适当距离

同事之间保持适当距离，对人、对事才可能客观公正。每个人都有自己的私人空间，搞好职场人际关系并不等于无话不谈、亲密无私。所以，当个人生活出现危机时，不要在办公室随意倾诉；同时，要尊重同事的隐私，不打探同事的秘密，不私自翻阅同事的文件、信件，不查看对方的计算机；对同事不品头论足。

4. 重视团队合作

随着社会分工越来越细，现代企业越来越强调员工之间的沟通协调。作为团队中的一员，无论自己处于什么职位，在保持自己个性特点的同时，一定要很好地融入集体。在工作中，同事之间要同心协力、相互支持；需要大家协同完成的，要事先进行充分的沟通，配合中要守时、守信、守约；自己分内的事认真完成，出现问题或差错要主动承担责任，不拖延，不推诿；确需他人协助完成的，要用请求的态度和商量的语气，不能颐指气使、居高临下。

5. 化解分歧和矛盾

同事之间会不可避免地出现分歧和矛盾，在发生分歧和矛盾时，一定要学会用适当的方式去化解。通常的做法为：第一，不要激化矛盾。对于那些原则性并不是很强的问题，不必非要和同事分个胜负。第二，学会换位思考。与同事发生矛盾时，要学会站在他人的角度想问题，同时，多从自身找原因，主动忍让。第三，主动打破僵局。如果与同事之间已经产生矛盾，自己又确实不对，这时就要放下面子道歉，以诚待人。

（二）与同事沟通的基本要求

1. 确立一种观念：和为贵

处世哲学中，中庸之道被奉为经典，中庸之道的精华就是以和为贵。与同事相处，难免会有利益或其他方面的冲突，处理这些矛盾的时候，首先想到的解决办法应该是和解。能始终与同事和睦相处，往往也易赢得上司的信赖。

2. 明确一种态度：尊重同事

在人际交往中，自己待人的态度往往决定了别人对自己的态度，因此，若想获取他人的好感与尊重，必须首先尊重他人。每个人都有强烈的友爱和受尊重的需要。在某方面不如你的人，很可能因为自卑而表现出强烈的自尊，如果以平等的姿态与其沟通，对方会觉得受到极大的尊重，从而对你产生好感。因此可以说，没有尊重就没有友谊。

3. 坚持一个原则：避免与同事产生矛盾

在一个单位工作，几乎天天见面，彼此之间免不了会有各种各样的事情发生，每个人的性格、脾气、秉性、优点和缺点也暴露得比较明显，免不了产生冲突，从而引发各种矛盾。为此，要非常理性地对待他人的缺点、弱点，多一点宽容，多一份担当。

4. 学会一种能力：与各种类型的同事打交道

每一个人都有独特的生活方式与性格。在任何一个组织中，总有些人是不易打交道的。职场人士必须要学会因人而异，采取不同的交往策略。

第三节　职业发展

一、职业成功的因素

得到一份理想的工作、成就一番事业，是多种因素相互作用的结果。职业成功至少包括四个因素，即先天因素、后天学习、职业决策、人际/人才决策。职业的成功，是这些因素相互加强彼此作用的结果。当然，在人生发展的不同阶段，各类因素可能发挥着不同的作用。

（一）先天因素

人才筛选与培养领域的国际权威专家莱尔·斯宾塞用最简洁的语言对潜力进行了总结："你当然可以去教一只火鸡爬树，但我宁愿直接雇一只松鼠来干这事儿。"所谓先天因素，主要指个体出生时受之于父母的遗传素质，也是人一生中最为稳定的因素。它是一个人与生俱来的天赋，使个人对某些事一学就会，而那些不具备这种天赋的人在从事同样工作的时候，就感觉困难得多。当然，遗传在提供先天条件的同时，也会让你在其他方面受到一些束缚。最新研究表明，遗传因素在成功公式中是一个常量，但绝不是静止不变的，遗传特征同样具有动态的性质。马特·马德利在《先天，后天：基因、经验和什么使我们成为人》一书中指出，你的日常活动决定了你体内哪些基因会被激活，这些被激活的基因又决定了你体内会制造出哪些蛋白质，而这些蛋白质最终形成了你脑细胞之间的突触。由此可见，父母授之于我们的优势，并不是单一的，而是多种因素的结合体，关键在于我们后天如何利用、如何激活。

（二）后天学习

王安石作品中有一篇著名的文章叫《伤仲永》，讲述的是方仲永这个神童，五岁便可指物作诗，天生才华出众，因为后天不学和被父亲当作赚钱工具而沦为普通人的故事。所谓后天学习，是指一个人终其一生所进行的正式与非正式的学习，这是促进一个人职业成功最强有力的工具。人这一生，天赋只是一个方面，真正想要成就事业，必须得靠后天打拼。"三分天注定，七分靠打拼"是先天天赋和后天学习之间关系的真实写照，因此，只有不断学习、勤奋打拼，才可能占据事业最高峰。人的知识绝不可单纯依靠天资，必须注重后天的教育和学习，必须强调后天的教育和学习对成才的重要作用。

（三）职业决策

所谓职业决策，是个人对于自己就业的种类、方向的挑选和确定。它是人们真正进入社会生活领域的重要行为，是人生的关键环节。我们应重视职业选择对个人成功的影响。许多人在初入职场时，水平可能相差无几，但因为选择了不同的工作环境，在职业成就上有了天壤之别。简言之，明智的职业选择可成倍增大自我教化的成果，从而成为决定自己职业成功的关键因素。

（四）人际/人才决策

人际/人才决策表现为人与人之间的沟通，包括思想、情感和知识等信息的交流与传播，主要通过言语、表情、手势、体态及社会距离等因素来实现，主要表现为人际间的交往和对人才的决策两个方面。就大多数人而言，大学期间的交往与决策尤为重要，对今后人生的成功能起到关键性作用。一般而言，读书时人际关系处理得当，步入社会后，对职场关系的处理同样灵活。

进入社会，达到一定高度，成为一个部门负责人，你的人才决策便成了决定部门工作绩效的关键因素。随着肩头的责任日渐加重，从管理一个部门到管理一家企业，利害关系也越来越大。需要你通过自己所建立的团队来施加对企业的控制和影响。随着从部门经理一路上升到总经理或董事长，人才决策逐渐成为你最大的挑战和最大的机遇。

当然，除了上述四大关键作用之外，个人的奋斗与努力必不可少，包括进取心、责任心、自信力、自我认知和自我调节能力、情绪稳定性、社会敏感性、社会接纳性及社会影响力等，当然，还少不了一定的机遇和运气。

二、拥有积极的行为态度

细节决定成败，态度决定一切。在关注细节的同时，首先要特别注意工作态度，工作态度积极，成功的概率就高。如果事情还没开始，就认为不可能，那很可能不会成功；或者在做的过程中不认真负责，同样不会有好的结果。因此，没有做不好的事，只有态度不端正的人，只要对工作充满热情、激情和活力，只要具备了好的工作态度，就不怕遇到挫折，这样的人在事业上也更能成功。成败往往在一念之间，毕业生步入职场，知识、技能都是次要的，关键在于有良好的工作态度。毕业生应持有的工作态度主要包括以下几个方面。

（一）立足岗位，更新观念

大学毕业生要适应工作和社会，必须明确自己的职责岗位，更新思维观念。具体要从三个方面与时俱进，即独立意识、主人翁意识和团队意识。首先，大学毕业生工作后必须承担相应社会责任，这些责任随着所要参与、管理及决策的工作的增加而增加，这就要求毕业生除了具备独立的意识外，还必须要有主人翁的意识。因此，初涉职场的大学毕业生一定要"识大体，顾大局"，从整体利益出发，树立团队意识。

（二）终身学习，不断充实

大学生适应社会的过程是一个"学习—适应—再学习—再适应"的循环动态过程，只有通过不断学习才能不断完善自己的知识结构。大学毕业生初到工作岗位，对自己工作岗位的基本情况都要有所了解，只有通过不断学习、勤于思考、善于总结，才能尽快掌握有关的业务知识，更好地适应工作。同时，大学生只有不断学习，才能跟上社会和科技的发展步伐，不至于落后。

（三）把握时机，相机而动

就刚毕业的大学生而言，第一份工作并不意味着就是终身的职业。受初次择业时众多条件限制及其他种种因素的影响，很多毕业学生初次就业后对自己的职业岗位不满意。对此毕业生应具体问题具体分析，应该根据自身的实际情况进行考虑。当然，随着社会需求的变化，也可适时调整奋斗目标，重新选择新的机会，找到适合自己的职业。

（四）善于沟通，学会共赢

人作为社会性的动物，需要彼此间的沟通与交流，而在工作场合这种沟通与交流显得更为重要。现代社会中很多工作需要众人协力完成，因此，大学生必须掌握有关的人际沟通技巧。

大学生在毕业后除少数人自主创业和升学外，大部分选择直接就业，因此，在组织内部成员之间、与组织以外的客户之间的人际沟通显得尤为重要。这就要求大学毕业生能正确对待沟通，一要有积极的沟通态度，二要全方位沟通，三要学会合作共赢，并在此基础上恰当处理和其他人员之间的关系。在沟通方式上，也要恰到好处，选择恰当的沟通渠道。除此之外，适宜的沟通渠道和倾听、交谈的有效练习也能进一步提升自我的沟通能力。

三、不断进取，在适应变化中成长

要不断适应环境，在任何环境下都能做好职业发展规划。人生无时不在面对顺境与逆境，刚毕业的大学生也是一样。处在顺境时不要得意忘形，因为终极目标是追求事业成功和人生幸福，而现在的顺境只是万里长征的第一步，要更加谦虚谨慎地做人，更加踏踏实实地做事，以坚定的步伐向自己的目标前进。

面对逆境，面对工作中的困难，要有足够的心理准备，尤其是刚步入社会的大学毕业生。对新环境、新工作的困难要有足够的心理准备，遇到逆境时就不会惊慌失措，而是泰然处之。在遇到困难时，要冷静分析造成困难的主客观原因，尤其是主观原因，以便对症下药。如果领导、同事一时不理解你，要学会沟通和忍耐，等待机遇，不能简单地与领导、同事对抗。大学毕业生在步入社会之前，需要建立起坚定的信念、不屈不挠的毅力和坚强的意志品质。

要有所作为，就要学会在变化中找准自己的位置。工作生活中会随时发生各种变化，使人感到紧张不安，但我们可以预先做好准备，坦然面对。如今竞争无时不在，找工作时有竞争，找到工作后，在工作中还是有竞争，假如你不努力，不利用空余时间继续充电，提高业务能力和其他方面的能力，你的位置很有可能被人取代。所以要想成功，就必须不断制定目标，做好职业生涯规划，不断提升自我。只有这样，才能得到长足的进步。

总之，大学毕业生走上工作岗位之后，要尽快适应相应岗位的工作要求，提升职业素养与能力，建立和谐的人际关系，坚持学习，爱岗敬业，认真负责地完成本职工作，不断务实进取，开拓创新，把握机遇，迎接挑战。只有这样，才能顺利实现自己的职业生涯目标和人生目标。

第七章
职业发展决策与规划分析

每个人在生活里都会面临各种各样的选择，其中有些选择对个人的影响重大，如职业决策。职业决策的可行与否，直接决定着职业生涯规划是否成功。因此，大学生要做好准备，为自己选择一个正确的职业方向。

第一节 职业发展决策概述

一、职业发展决策风格

（一）职业发展决策的内涵

决策，是为了实现特定的目标，根据客观的可能性，在占有一定信息和经验的基础上，借助一定的工具、技巧和方法，对影响目标实现的诸多因素进行分析、计算和判断后，对未来行动做出决定。职业发展决策是个人依照自己的职业期望和兴趣、性格等，结合社会的人才需求状况，凭借自身的能力选择职业，使自身能力、素质与职业要求特征相符合的过程。

通常，一个决定对个人越重要，做起决定来就越困难，选择吃什么早餐远比选择一份职业容易，因为挑选职业对个人的生涯发展具有重大的影响。而正是生活中每个环节的选择和决策组成了每个人的人生。面对选择，每个人的表现不尽相同，这是因为每个人的决策风格不同。

在现实生活中，我们很容易发现，不同的人使用不同的方法做决策，每个人的决策风格不尽相同。因此，了解自己的决策风格，对职业生涯规划非常有帮助。

（二）职业发展决策风格的类型

美国职业生涯专家斯科特和布鲁斯认为，决策风格是在后天的学习经验中逐渐形成的。重大的决策往往会使人在心理上产生紧张感，当人感觉到压力、焦虑，试图做出重大的决策时，就逐渐形成了某种决策模式或风格。许多专家都对个体的职业决策风格进行了研究和归纳，比较常见和突出的决策风格类型有以下几种。

1. 理智型

理智型的人注重分析逻辑、深思熟虑，强调充分地收集信息、理智地思考和冷静地分析判断，以做出最佳的决定。

理智型的决定包含探索个人与环境的需求，优点是所得结果较为合理，但要考虑时间因素，需要在前期资料的收集上花费功夫，有错失良机的可能。

2. 直觉型

直觉型的人相信直觉和感觉，关注内心感受和情绪反应，在信息有限时能快速做出直接的决定，发现错误时又能迅速改变决策。他们不愿意充分收集相关信息，但能为自己的决策负责。

直觉型的决定是自发的，在时间紧迫的情况下非常有用，缺点是较为冲动，易受主观意见影响。

3. 依赖型

依赖型的人往往等待或依赖他人为自己收集信息和做决定，较为被动和顺从，决策时关注他人的意见和期望。对于此类型的人而言，社会赞许、社会评价、社会规范是做决定的标准。

依赖型的人做决定省时省力，父母长辈的意见有时确实是宝贵的经验，但未必是最有效、最适合自己的策略。

4. 回避型

回避型的人面对决策问题通常采取拖延的方式，害怕做出错误的选择。他们不能够承担做决策的责任，而倾向于不考虑未来的方向，不做准备，也不思考，更不寻求帮助。

回避型的人，需要意识到自己的决策风格及其可能造成的后果，需要努力做出改变。

5. 犹豫型

犹豫型的人因为选择的项目太多，无法从中做出取舍，经常处于挣扎的状态，下不了决心。"我怕自己一旦做出选择，之后又会改变""我绝不能轻易决定，万一选错了，那就惨了"等思想往往会束缚人们的决策，从而对良好的决策产生消极的影响，但他们能够收集充分完整的信息。

二、职业发展决策的阻碍因素

职业发展决策的阻碍因素分为内部阻碍和外部阻碍两种。内部阻碍就是那些存在于我们自身的障碍，通常我们对之有较大的控制力，如焦虑、拖拉等。外部阻碍则来自外界，是我们难以控制的，如就业中存在的重男轻女现象。但我们往往把外部阻碍想象得过多、过大，陷入自己设定的非理性信念中，变为内部阻碍。

在职业发展决策中，我们需要明辨内部阻碍和外部阻碍，才能采取相应的对策。个人出现决策困难的情形，通常可以分为以下两种。

（一）生涯不确定

生涯不确定是正常的发展性问题。大学生还处在生涯探索阶段，在以前的学校教育中又缺乏与职业生涯规划相关的内容，这造成大学生普遍不了解自己的兴趣或能力、价值观不清晰、缺乏关于工作世界的信息等问题，因此难以进行生涯决策。这种情况通常只要得到关于自我认识、工作世界介绍等相关的信息即可解决，而这可以通过选修生涯规划课程、阅读相关书籍和参加社会实践活动等来实现。

（二）生涯犹豫

生涯犹豫是由个人特质引起的，例如，个人兴趣与能力有差异，个人偏好与社会期待有冲突，价值观受到环境条件限制，非理性生涯信念桎梏等。有的人由于自信心低落，极大地阻碍了对职业的憧憬与选择；有的人虽然做出了初步选择，却感到非常的焦虑；还有的人，虽然经过多方的探索，但在职业兴趣方面却仍然相当混乱等。这类的学生需要较长时间进行个别的生涯辅导，甚至是需要心理咨询和治疗，才能帮助他们提升自我价值感，增进对自我的肯定与信任，并在此基础上提升他们的决策能力。

第二节　职业决策中的挑战

决策为什么难？是因为决策总是具有风险性，要求我们为其后果承担责任；同时，影响决策的因素相当复杂，而且存在相当多的阻碍。

一、决策的风险与责任

（一）确定无疑的决定

所有的选择及其结果都是清楚明白的决定。比如，早上出门上班时外面正在下雨，那么我们一定会带上雨伞。

（二）有一定风险的决定

有多种选择，每种选择的后果虽然不完全确定，但个人在一定程度上知道可能会有什么样的选择和结果。比如，今年暑假我决定出去旅游，现在面临三个路线的选择，通过旅游攻略我已经大约知道这三个路线的行程和参观景点，但由于天气、交通等不可控因素，对于各种选择的结果并不能完全确定。

（三）不确定的决定

对于有哪些选择，这些选择会产生什么样的结果，几乎完全不清楚。比如，很多大学生在高考填报志愿前，由于缺乏对相关专业的了解和认识，所以对如何选择专业、该专业的就业方向等几乎完全不清楚。

我们可以看到，大多数的决定都有预测的成分，都具有不确定性和风险。如果我们对一件事做决定，就意味着我们应该为该决定的结果承担责任，但我们无法保证决策的结果总是有利的，因此承担责任的过程中也伴随着一定的焦虑不安。

生活中的决定大多属于第二种，有可能获得一定的信息之后，做出某种预测。而当我们面临第三种选择时，应该尽可能多地搜集信息，将第三种决定变成第二种决定，减少风险，以一种理性的方式做出决策。

二、影响职业决策的因素

（一）个人因素

个人因素是影响职业生涯决策的主要因素，毕竟决策的目标、目的、实现均与决策者本人息息相关。这些影响因素主要包括：思想道德素质、科学文化素质、心理素质和身体素质。

1. 思想道德素质

思想道德素质是指个人在一定的社会环境和教育的影响下，通过自身的认识和社会实践，在政治倾向、理想信仰、思想观念、道德情操等方面养成的较稳定的品质。思想道德素质是最重要的核心素质，职业道德素质是思想道德素质的重要组成部分。职业道德是在职业范围内形成的比较稳定的道德观念、行为规范和习俗的总和，它既是对职员在职业活动中行为的规范，同时也是单位对社会所负的道德责任与义务。职业道德素质是关系到个体职业发展和成长的重要因素。

2. 科学文化素质

个人文化程度、能力、操作技能等素质是与个人职业发展息息相关的科学文化素质。

文化程度对个体的职业发展有重要影响，一般来说，随着文化程度的提高，求职者更多地将就业岗位选择放在研究、学术领域，如科研机构、高等学校等单位，而一般事务性、操作性岗位则对学历的要求相对较低。

能力一般包括非专业能力和专业能力，前者包括组织管理能力、信息获取能力与分析利用能力、表达能力等；后者包括专业知识的掌握能力、获取新知识的能力、专业实践能力等。非专业能力的差距有时可以超过专业能力的差距，高学历并不代表高能力，因而科学文化素养的因素是影响生涯决策时的重要因素之一。

3. 心理素质

心理素质一般包括个体的性格、兴趣、爱好、价值观、适应能力、人际交往能力、意志力等方面。在现代竞争激烈的社会中，心理素质的高低有时会成为事业能否顺利发展的决定因素，左右着个体的职业生涯规划、求职进程、求职结果和职业发展情况，良好的心态无异于锦上添花，而不良的心态则犹如雪上加霜。因此，培养和保持良好的心理素质对生涯选择举足轻重。

4. 身体素质

俗话说，身体是革命的本钱。身体素质，包括种族、性别、年龄、智力、健康状况等因素，这些都会影响个体的决策。空有雄伟的抱负和火热的激情，没有强健体魄和健全心智的支撑，再好的理想也只能是空中楼阁。

（二）家庭和成长环境因素

无论决策者的年龄多大，家庭成员及重要亲友的意见，都会影响有效决策的形成。这种影响，可能是正面的积极推动作用，也有可能是负面的消极阻碍作用。对于大学生来说，影响因素可能主要来自家长。

1. 父母的影响

父母与子女关系最为密切，他们对子女成长过程中的影响是显而易见的。父母的相互关系包括婚姻状况、和谐幸福程度、相互尊重理解程度，父母的受教育程度、生活阅历、社会经历、社会地位等因素都会影响子女的身心发育与个体成长，也会对子女的职业生涯发展和选择产生影响。另外，父母对子女的教育方式也会对子女的行为方式、人生价值观、伦理道德的养成产生影响。

2. 经济状况的影响

家庭的经济状况会影响子女的成长和就业。一般来说，经济状况越优越，子女越有更好的条件或机会接触更多的资源，对于他们开阔视野、扩展思路、提升理想境界都会有很大的帮助。当然，经济条件的反作用也不可忽视，过多依赖于良好的物质环境，如同现在大多数"富二代"一样，则会丧失独立发展的动力。"宝剑锋从磨砺出，梅花香自苦寒来"，较差的生活环境有时也会激励子女发愤图强，培养自立自强、坚韧不屈的品格。

3. 朋友的影响

决策者周围的朋友、同龄群体的意见和建议也是重要的影响因素之一。他们的职业价值观、职业态度、行为特点等不可避免地会影响到决策者，也可能会干扰自身的决策，而正确建议又会给决策带来很大帮助。

（三）社会因素

作为生活在现代社会中的一员，决策者也要考虑政治、经济、产业和人才政策等因素。只有全面分析，权衡利弊，所做出的决策才有可能是正确的。

1. 政治因素

社会的属性、社会发展阶段、政治生活状况等要素都是不可忽视的情况，在一个和谐稳定、欣欣向荣、蓬勃发展的社会里，人们有更多稳定、长远的选择。而在一个动荡多变、暗无天日的社会里，自身生存尚未可知，职业的发展就会曲折而多磨难。

2. 经济因素

当社会经济发展到高水平，社会财富极大丰富时，科技、人文、教育、卫生等各领域的劳动者的综合素质普遍较高，产业层次更多地集中在高端制造业、现代服务业等领域。决策者在选择职业发展方向时，更多地看重自身的利益诉求，看重周围的文化氛围、发展前景等因素。而经济发展一般时，决策者首先考虑的是个人或家庭的生存需求，而把发展需求的满足等放在次要位置。

经济因素对决策者的影响还表现在经济发展出现波折起伏或者面临经济危机时，人们更多地选择那些相对稳定的工作岗位，如公务员、事业单位编制人员、大型国企人员等；而在经济欣欣向荣时期，三资企业、中小型企业的吸引力则会增强。

3. 产业和人才政策因素

当前，高新产业、现代服务业、地区的重点发展行业，都是国家或各地区重点扶持的领域，上至中央政府、有关部委，下到各级地方政府都不遗余力进行引导和推动。决策者要通过各种途径，多了解相关的行业发展态势，把握主导优势产业，选择时要明确重点，才能确保方向正确。

同时，面对各地吸引人才的政策举措和保障措施，决策者也不可忽视，如户籍政策、奖励政策、配偶或子女安置政策、配套启动政策等，也要全面了解，做到决策前心中有数。

三、职业生涯决策的阻碍

职业阻碍就是使人难以实现某一职业目标的障碍或者挑战。个人出现决策困难的情形，通常分为以下两种。

（一）生涯不确定

这是正常的发展性的问题。大学生们还处在探索生涯的阶段，在高等教育之前的学校教育中缺乏与职业生涯规划相关的内容，使得大学生普遍不了解自己的兴趣和能力，价值观不清晰，缺乏对工作世界的了解，因此难以进行生涯决策。

（二）生涯犹豫

生涯犹豫是由个人特质引发的，如个人兴趣与能力的差异，个人偏好与价值观的冲突等。比如，有些人由于自信心不足，极大地阻碍了对职业的憧憬与选择；有些人在做出初步选择后，却依然感到非常焦虑；有些人，探索过后仍然不清楚自己的职业兴趣与能力。这一类学生需要较长时间有针对性的生涯辅导，才能帮助他们提升自我价值感，增强对自身的认识与肯定，提升他们的决策能力。

第三节　职业决策的方法和步骤

职业决策受个人自身条件和职业要求的限制：一方面，个人不可能具有从事一切职业的能力和兴趣；另一方面，各项职业由于具有不同的劳动对象、手段和劳动条件等，对劳动者的能力也有相应的特殊要求。职业选择是个人和职业岗位的相互选择和相互适应。

如何综合考虑各方面的因素，做出合理的职业选择，是职业生涯管理的重要内容。在整个职业生涯乃至整个人生之中，职业选择都是极为重要的环节。

一、职业决策的过程

乔普森等人认为职业生涯决策行为是个人以有意识的态度、行动、思考来选择学校或职业以符合社会期望的一种反应。职业决策过程涉及决策者、决策时情境（社会期望）和决策者个人内在与外在的资料三个方面。决策的过程具有以下特征：每种决策情境都有两种以上的选择，决策者必须选择其一；每种选择都可能带来若干结果，结果包括未来的可能性及对决策者的价值两个方面；每次决策经常在不确定的情况下进行，因此带有冒险性，个人根据对主要的可能性与价值的评估，做出能得到最大收获的选择。

职业生涯的决策是一个持续的过程，完成生涯决策通常要了解、掌握一些生涯决策的理论和方法。同时，职业生涯决策有多种模式，不同的模式又对应着不同的决策过程，下面主要介绍两种。

（一）CASVE 循环模式

CASVE 循环是一种职业生涯规划决策技术，可在整个生涯问题解决和决策制定过程中为人们提供指导。CASVE 循环包括五个阶段：沟通、分析、综合、评估和执行。

（1）沟通：识别存在的问题，找出差距。沟通是 CASVE 决策过程中的第一个阶段，人们意识到存在的问题，这是决策过程的开始。如果没有意识到自己的需要，就不会出现 CASVE 决策的后几个阶段。

（2）分析：将问题的各成分联系在一起。分析是 CASVE 决策过程中的第二个阶段，在此阶段，对现状进行评估，了解了自己的需要，并对所有的信息进行观察、思考、研究和分析。

（3）综合：形成可能的选项。综合是 CASVE 决策过程中的第三个阶段，这一阶段是在分析的基础上进一步收集相关信息，从而确定解决问题或消除差距的行动方案。应先扩展选择范围，然后再逐步缩小，最终确定 3～5 个最可能的选项。

（4）评估：为各选项排序。这一阶段是对综合阶段得出的职业选择清单进行具体的评价，评估获得该职业的可能性，以及每个阶段对自身及他人的影响，从而进行排序。

（5）执行：形成目标策略并行动。执行是 CASVE 决策过程的最后一个阶段，根据自己的最终选择制订计划，采取相应的行动。在"实施我的选择"的阶段，人们将把前四个阶段的思考化为行动。

CASVE 循环是一个不断循环的过程，在执行阶段结束后，又要回到沟通阶段，以确定选择是不是最好或最合适的，自己所期盼的理想状态是不是已经实现。

在决策过程中，通常人们会很快完成 CASVE 循环的五个阶段，或者在某一特定阶段稍有延迟。但总体来看，CASVE 循环模型对解决个人的决策问题和团体的决策问题都非常有用。

（二）"机会—能力—价值"生涯决策模式

关于个体生涯路径的选择，个人一般应考虑三个问题，即机会、能力和价值，通常被称为"机会—能力—价值"生涯决策模式。决策者可通过回答以下三个问题理清思路。

（1）我想往哪条路线发展，价值取向。通过对自己的兴趣、价值观、理想、成就动机等因素的分析，确定自己的目标取向，即自己志向是在哪一面，自己非常希望走哪一条路线。

（2）我能往哪路线发展，能力取向。通过对自己的性格、特长、智商、技能、情商、学识、经历等因素的分析，确定自己的能力取向，即自己能走哪一条路线发展，自己是否具有这方面的特长和优势。

（3）我可以往哪一条路线发展，机会取向。通过对当前及未来的组织环境、社会环境、经济环境的分析，确定自己的机会取向，即内外环境是否允许自己走这一条路线，是否有发展的机会。

二、职业决策的主要方法

在整个职业决策的实施过程中，最关键且最困难的部分是对不同的方案进行评估。在这个部分，决策者必须对搜集来的资料进行整理、统合、权衡和排序，其中既要考虑个人与环境的关系，也要顾及各种利弊得失，是一个比较复杂的过程。要使这个过程高效而有序，必须采用科学的方法和工具。下面介绍两种决策工具：决策平衡单和 SWOT 分析法。

（一）决策平衡单法

决策平衡单用于协助决策者做好重大的决定。它可以帮助决策者具体分析每一个可能的选择方案，评估各方案实施后的利弊得失，排定优先级，最终确定选择。决策平衡单将重大事件的思考方向归纳到四个主题上：自我物质方面的得失、他人物质方面的得失、自我精神方面的得失和他人精神方面的得失。

使用平衡单的具体步骤如下。

（1）列出 4 种考虑因素：将各种生涯水平排列在决策平衡单的顶部，在平衡单的左侧，垂直列出在"自我物质方面的得失""他人物质方面的得失""自我精神方面的得失""他人精神方面的得失"四个方面的重要价值观和考虑因素。

（2）给各种价值观和因素按 1～5 的等级分配权重：各项价值观或因素的重要性越大，其权重就越高，5 为最高权重，表示"非常重要"，3 代表"一般"，1 代表"最不重要"。对自我需求和价值观的准确了解，是给价值观和考虑因素指定权重的前提。

（3）打分：按照各项生涯选择满足各项因素的程度进行打分，分制在 −5～+5，其中 +5 表示价值观和考虑因素在生涯选择中得到了完全的满足，0 表示不知道或无法确定，−5 表示价值观和考虑因素完全未能得到满足。

（4）计分：将各项生涯选择的得分与各项价值观和考虑因素的权重对应相乘进行计分，将结果记录在相应的单元格内。

（5）比较、排序：将每一选择下所有的正负分数相加，得出总分，对总分进行比较和排序。

（二）SWOT 分析法

SWOT 分析法又称态势分析法，是旧金山大学的管理学教授提出的，常被用于制定集团发展战略和分析对手竞争情况。SWOT 分析法的核心在于运用推理、比较和数据资料，综合考虑多方面的利弊得失，找出正面预期多、负面影响小的方案。这种方法比较科学，但需要大量的资源和信息及多种技术支持。

运用 SWOT 分析法进行选择分析，就是将与自己要解决的问题密切相关的主要优势因素（Strengths）、劣势因素（Weaknesses）、机会因素（Opportunities）和威胁因素（Threats）罗列出来，并根据轻重缓急或影响程度等按矩阵形式排列起来，然后运用系统分析的方法，把各种因素相互匹配起来加以分析，从中得出一系列相应的结论（如对策等）。

在完成内外因素分析和 SWOT 矩阵的构造后，便可以制定相应的对策，以发挥优势因素，克服劣势因素，利用机会因素，化解威胁因素。这些对策包括最小与最小对策（WT 对策）、最小与最大对策（WO 对策）、最大与最小对策（ST 对策）、最大与最大对策（SO 对策）。

（三）其他决策方法

决策的方法还有很多，其中一些也常被用于生涯决策中，帮助人们更有效地选择职业目标和路径。

（1）成本收益法。这是一种经济决策方法，通过比较项目的全部成本和效益，来评估项目的价值。在进行职业生涯规划时，可以针对所面临的问题，列出若干解决问题的方案，运用一定的技术方法，计算出每种方案的成本（可能的代价）和收益（可能的收获），通过比较，并依据一定原则，选择出最优的决策方案。

（2）匹配分析法。基于职业指导的"人职匹配"理论，可以用于具体职业或职位的选择决策方面。匹配的一端是人，另一端是可供选择的职业或职位。将自我认知所得的各项特质结果，分别与几个目标职业（职位）的对应要求进行比较，从中选择出更适合自己的职业（职位）。

第四节 目标设立与行动计划

一、目标设立的重要性

有一篇关于人生目标的调查显示，在一批学历、智力和环境条件都差不多的哈佛大学毕业生中，有 27% 的人没有目标，60% 的人目标模糊，10% 的人有清晰但比较短期的目标，只有 3% 的人有清晰而长远的目标。25 年后，哈佛大学再次对这群学生进行调查时发现：3% 有长远目标的人，在 25 年间朝着一个方向不懈努力，几乎都成为社会各界的成功人士，其中不乏行业领袖和社会精英；10% 有短期目标的人，不断地实现他们的短期目标，成为各个领域中的专业人士，大多生活在社会的中上层；60% 目标模糊的人，有安稳的生活与工作，但都没有什么特别成绩，几乎都生活在社会的中下层；而剩下 27% 的人，因为他们的生活没有目标，过得很不如意，常常怨天尤人，抱怨这个世界"不肯给他们机会"。

从这个调查中，我们不难看出目标是多么重要，对于生涯发展具有何等重大的指导意义。然而，很多时候大家忙忙碌碌，学习各种课程，参加各种活动，准备各样考试，却没有目标。很多大学生一方面感到迷茫；另一方面又不能停下来，花一点时间看清楚自己的方向，只是盲目地胡乱奔跑。"忙—盲—茫"的现象在当代大学生中屡见不鲜，这种"边跑边看路"的做法无异于缘木求鱼。就像《爱丽丝梦游奇境记》里，猫对爱丽丝说的那样，如果你不知道自己想去哪儿，那么走哪条路都无所谓。而你只要一直往前走，哪怕是胡奔乱跑，也总可以到达某个地方。但你对自己的处境满意与否可就是另一回事了，如果连你都不知道自己要什么的话，那么别人也不可能给你有效的帮助。

只有当个人在头脑中对自己的职业发展方向有清晰的概念时，他的生命才会有意义和方向，而这也是人生中最珍贵的财富之一。

二、目标设立的原则

（一）明确

明确是指不要用含糊笼统的语言设立目标，比如，不要说"我的目标是更好地利用时间"，应该说"我一天只能花不超过一个小时的时间来看电视"，或者说"我每周要花两个小时的时间来上网查找有关服装设计师这一职业的资料"。

（二）可量化的

在明确目标的基础上，你才有一个可以衡量成功或失败的标准，从而可以准确地评价你是否达到了自己的目标。比如，"加强社会实践"改为"在这个月内，参加一个学生社团（摄影协会），并访谈两位摄影师"。

（三）可以达到但有挑战性

可以达到但有挑战性的目标是指就你的能力和特点而言，实现这个目标是现实的、可能的但又有一定的难度。比如，如果你目前只是一个大四学生并且没有什么相关的工作经验，却计划在两年之内就成为大公司的中层经理也许不那么可行；但如果你计划十年之内才做到中层经理的位置，又缺乏挑战性，可能不太有激情去实现这个目标了。

（四）目标有意义、有价值，并有奖惩的措施

目标有意义、有价值，并有奖惩的措施是指实现这个目标能带给你成就感、愉快感；反之，则会使你有所损失。比如，如果你没有按计划在一个月内完成对两位工程师的访谈，那么你就不能在"十一"时外出旅游，而要利用三天的假期完成访谈任务。

（五）有明确的时间限制

有明确的时间限制的目标是指不能将目标统一定为"在大学毕业前完成"，而要有计划、分步骤地在限定的时间内完成。以一周、一个月或一学期为单位设立目标，会比将事情都堆到毕业前完成有效得多。

（六）可控的

可控的目标主要是指你对影响到目标实现的因素具有相当的控制能力。比如，"我的目标是在某公司获得一份工作"，这种表述方式就违反了可控性的原则，因为你能否获得这份工作并不取决于你自己，你有被拒绝的可能。但如果

你将目标换成"在下周三之前向某公司申请一个职位"，这样是可行的，因为你能控制相关的因素。

目标的可控性原则表明：你必须为自己的目标负责，而不能指望他人来实现一切。当你确实需要他人的帮助时，你可以向他们表达，争取他们的合作，但同时你的期望不能太高，必须做好被拒绝的准备。确切地说，你能够控制的只有你自己，因此你的目标也必须完全地"属于"你。

采用上述原则设立目标的好处：它使你所制订的目标与计划有实现的可能，并且可以帮助你在一段时间之后回顾总结自己所取得的进步与不足，明确自己该干什么，清楚自己干得怎么样。

三、应届毕业生确立职业目标的注意事项

（一）扬长避短，尽可能和自己大学所学的专业挂钩

俗话说，隔行如隔山。倘若能选择与自己专业联系比较密切的行业和工作，自己就很容易融入这个行业中去，毕竟自己在所学专业上是有优势的。

在职业发展上，职场新手容易犯的错误就是没有相对稳定的行业，这是职业发展的大忌，也是最让人感到惋惜的。有的人聊天中喜欢提我干过多少多少行业，以为这是一个非常值得自豪的事情，其实这对自己的职业发展并没有多少好处。尽可能地在一个与自己所学专业有关联的行业深入地做下去，不要轻易改行，因为这会让你损失掉很多的积累。如果一定要改行，所选的行业最好要有一定的内在的连续性，即你以前积累的资源，如专业技能、行业经验、职场人脉等能不断地延续和强化，有一条清晰的、连续的轨迹，而不是天马行空式的发展。

（二）目标宜由低到高逐级而上，避免眼高手低

应届毕业生的行业职场经验、实践动手能力、业务技能水平、工作生活经历等都尚欠缺，刚入行不宜凭一腔理论热血制订眼高手低的目标。比如，过于要求薪资待遇、职位晋升等。应避免初次目标定得太高，没有阶段性，因为这样容易被过高的目标挫败初入职场的积极性和自信心。正如一支首次进入世界杯足球赛 32 强的"新军"，第一次参加世界杯就不宜把目标定在夺取冠军上，

可以先把目标定在进入 16 强（小组赛出线）或 8 强甚至 4 强上，否则极容易受到打击。

（三）宜从规划和实践短期目标和中期目标入手

应届毕业生在职业发展中处于起步阶段，建议从规划和实践短期、中期目标入手。比如，短期目标集中在尽快适应和融入职场环境，沉下心来打基础，在现有岗位上勤学多练，学会承受和适应，学会忍耐和坚持，保持良好心态，乐观自信地对待工作生活。应届毕业生初入职场，重要的是多动手、多学习，少评价、少议论；多做实际的工作，少一些指手画脚。要根据个人能力在行业人力资源所处的水平来动态调整职业目标。

四、职业发展的选择

（一）职业发展路线

在选择职业后，要充分考虑走哪一条路线：是走专业技术发展路线，往业务方面发展？还是走管理发展路线，向行政方面发展？

1. 技术发展路线

几乎每个企业都需要技术人员，生产制造类企业需要建筑工程技术人才；计算机行业需要软件工程师、硬件工程师；房地产行业需要建筑设计师、土木工程师和现场施工技术员。不论是哪一行，都需要大量的一线基础技术人员。

技术发展路线一般为：普通员工—初级技术员—中级或助理工程师—工程师—高级工程师—资深高级工程师等。不同专业在不同技术等级方面的名称有细微差别，但其技术发展路线和岗位都是由低到高循序渐进的。如电子、通信、机械、模具、计算机、制冷、建筑等工科类专业的毕业生，如果专业基础扎实，又热爱本专业，富有钻研精神，那么走技术发展路线是比较现实可行的选择。

2. 管理发展路线

每个企业除了需要大量技术类人员外，也需要部分管理类人员，而党政机关、事业单位对行政管理类人员的需求也较大。

管理发展路线在企业一般为：普通员工—部门主管—部门经理—副总经

理—总经理等；在党政机关、事业单位一般为：干事（科员）—股级—副科级—正科级—副处级—正处级—副厅级—正厅级—省级等。管理发展通常通过以上"管理等级"或"职务"来区别。不同专业在不同管理等级方面的名称有一些细微差别，但其管理发展路线和岗位都是由低到高循序渐进的。

管理类如企业管理、人力资源管理、酒店管理、物流管理、商务管理和工商管理等专业的大部分毕业生，往往喜欢与外界沟通，更喜欢跟人打交道，大多选择走管理发展路线。

当然，在现实生活中，有一些人不是单纯走技术发展路线，也不是单纯走管理发展路线，有些人先走技术发展路线，后来又转入管理发展路线；有些人先走管理发展路线，后来又转入技术发展路线；有些人"双肩挑"，同时走技术发展路线和管理发展路线。比如，某位教师，在职务上担任系主任，负责全面管理该系事务，在职称上又是教授，亲自去给学生上课。

（二）职业选择的原则

1. 择己所爱

从事一项你所喜欢的工作，工作本身就能带给你一种满足感，你的职业生涯也会从此变得妙趣横生。兴趣是最好的老师，是成功之母。调查表明，兴趣与成功概率有明显的正相关性。在规划自己的职业生涯时，要考虑自己的兴趣，择己所爱，选择自己所喜欢的职业。

2. 择己所长

任何职业都要求从业者掌握必需的技能，而人的一生不可能将所有技能都全部掌握。在进行职业发展规划时，要运用比较优势原理充分分析他人与自己，择己所长，发挥自己的优势。

3. 择世所需

大学生学习的现实目标就是为了就业。就业作为一种社会活动必定会受到社会需求的制约，如果个人的知识与能力脱离社会需要，则很难被社会接纳。旧的需求不断消失，新的需求不断产生，新的职业也不断产生。新兴行业给职业发展带来较大的发展空间，高等院校专业设置的敏锐度高，大学生在职业规划时，要看清现实社会与未来的发展趋势，根据社会需要培养自己的职业素质，做到社会需求与个人能力的统一，社会需要与个人愿望的有机结合。目光还要放长远，要分析和预测未来行业或职业的发展方向，做出选择。不仅要考虑社会需求，还要考虑这个需求是否在不断发展和成长，这让我们的职业发展空间更大、成功的概率更高，否则就很可能走进职业的死胡同，职业道路也会越走越窄。

4. 择己所利

职业是个人谋生和追求幸福的手段。我们通过自己的职业劳动，在为个人谋取幸福的同时，也为社会做出贡献。我们在规划职业发展、为社会奉献的同时，也争取自己的预期收益——个人幸福最大化。明智的选择是在由生存（收入）安全、社会地位、成就感和自我实现等变量组成的函数中找出一个最大值，这就是选择职业生涯中的收益最大化原则。

每个人都渴望幸福，每个人都期望在自己的职业生涯中实现收益最大化，每个人都拥有自己的梦，当所有人的梦想汇集起来，就是国家的梦想，就是中国梦。我们通过在职业领域内的奋斗造福国家、造福社会，国家和社会就会赐给我们由收入、地位、名誉和自我实现等调制的"幸福美酒"。

五、职业目标与行动计划示例

职业目标又可以分为长期目标、中期目标和短期目标。当我们把自己的中、长期目标分解为一个个小的短期目标时，就有了具体的行动计划和步骤。这样做有助于个人对自己的职业生涯发展进行管理。

举例来说，如果你现在刚上大三，学的是中文，希望五年以后成为一名大公司的人力资源专业人士。那么，将这个目标倒推回来，四年后一定要跟一家大公司签上合约，两年后大学毕业时应当获得一家公司人力资源部门的初级职位，一年后应当争取进入一家公司的人力资源部门实习。这样，半年后就应当开始投递简历，寻求实习机会。所以，这一个学期，你就应当写好自己的简历，列出有可能向你提供相关信息的人际资源，并阅读一些与人力资源相关的书籍。

再如，假设你的目标是在这学期末前完成初步的职业生涯规划，那么你的小目标可以是以下内容。

（1）在本周五以前报名参加学校的职业生涯规划训练营，按时上课。

（2）下周一开始阅读职业生涯规划课的教材，每周阅读一章并完成书后的练习，在期末前读完这本书。

（3）课外阅读一本职业规划自助类读物（《就业宝典》或《你的降落伞是什么颜色》），每两周阅读一章。

（4）在9月完成就业指导中心提供的职业兴趣和性格测评，并就测评结果与就业指导老师面谈一次，以便更好地了解自我。

（5）在10月参加学校组织的就业指导讲座，了解一些基本的关于工作的信息。

（6）在11～12月，联系寒假实习的单位。

第五节 职业生涯规划书的设计

一、职业生涯规划书的内涵

职业生涯规划书又称"职业规划书"，是指求职者或准求职者针对个人职业选择的主客观因素进行分析和测定，对自己的兴趣、爱好、能力、特长、经历及不足等各方面进行评价与权衡，确定最佳的职业奋斗目标，并为实现这一目标进行规划而使用的专用文书。职业生涯规划是一个动态的过程，不仅包括一个人的过去、现在和未来那些可以实际观察到的、连续从事的职业发展过程，还包括个人对职业生涯发展的见解和期望。

二、职业生涯规划书的内容格式与撰写注意事项

（一）职业生涯规划书的主要内容

一份完整的、可操作的职业生涯规划书，应包括职业生涯规划的五个步骤：一是认识自我（自我评估）；二是外部环境分析（职业生涯机会评估）；三是目标确定（确定职业生涯目标和路线）；四是策略实施（制订具体计划并实施）；

五是反馈修正（在实施中评估、反馈、调整）。

（二）职业生涯规划书的类型

为了更好地管理自己的职业生涯规划，通常采用文本型、表格型的方式，把职业生涯规划内容记录在案。

文本型职业生涯规划书没有固定的模板，具有创作的空间，但规划的依据首先是让自己信服，其次是可执行性。一般情况下，文本型职业生涯规划书包括职业理想、自我认识、职业认知、职业目标、实施方案及遇到障碍的对策等内容。表格型职业生涯规划书常常仅写有最简单的目标、分段实现时间、职业机会评估和发展策略等几个项目，有的只相当于一份完整的职业生涯规划书的计划实施方案表，适合作为日常警示使用。

三、认识自我

为了科学、全面地认识自我，大学生张某参加了职场快线的人才测评，测评结果如下。

（一）职业能力

职业能力是一个人从事某项工作的潜质，对一个人的职业定位和职业选择非常重要，它决定一个人是否适合某种工作。只有人与岗很好匹配，才能使自己的职业生涯得到很好的发展，反之，则阻碍自己的职业发展。另外，只有对自己的职业能力有清晰明确的认识，才能在以后的工作中扬长避短，不断提高自己。

张某的推理能力、数理能力和信息分析能力及语言能力较高，而人文素质较低。较强的推理能力得益于缜密的思维、做事的认真态度和较强的逻辑性。这项能力对一个人经营一个较独立的团队有很大帮助，能清晰地分析出团队的生存空间、发展步骤等。数理能力是对数字的整理分析能力，在数字化社会中，这是人的一项必备能力。信息分析能力即在综合材料的基础上提炼出对自己有价值的信息。这项能力对做一名语文教师非常有帮助，因为对课文的分析是语文教学的重点。语文课文通常通过象征、隐喻等手法将作者的思想和感情隐藏于文字之后，形成距离美感，这就要求语文教师对材料内容有较强的分析能力。

语言能力是作为一个教师最重要的能力之一，它是知识的最后传播阶段，是直接影响工作质量的一种能力。而人文素质是从事各种职业所不可缺少的一项能力，尤其是教育工作者，因为教育是面向人的职业，教师的职责不仅是向学生传递知识，还要培养学生高尚的品德。老师先要有高尚的品德，才能给学生好的影响。人文素质是我比较缺乏的，要在以后的学习和生活中不断提高、完善。

（二）职业价值观

职业能力决定一个人对职业的选择，以及能否很好地适应职业。而职业价值观决定能否在职业生涯中得到自我追求的满足。前者侧重于短期选择和表现，后者更侧重于长期发展和内在提高。所以，两者同等重要。张某的三个最主要的职业价值观是家庭取向、经营取向和自我实现取向。这三个价值取向各有其优势和劣势。

这三种价值取向使张某更深层次地了解了自己的优缺点，认识到在以后的学习生活中应不断提高、完善自己，更好地评估、调整自己的职业规划，更好地实现自己的职业目标。

（三）职业人格

职业人格是人格的一个组成部分。一个人的人格是相对固定的，而且是互不相同的。所以，认识自己的性格，特别是职业性格是定位适合自己岗位的前提。只有做到人岗匹配，才能发挥自己职业人格中有利于职业发展的部分。所以，选择适合自己职业人格的职业也就意味着选择合适自己性格的职业。通过测评可知，张某的职业人格属于稳健型，具体表现如下。

（1）综合特质。冷静有耐心；稍许的开明态度，友善且热心；能接纳他人的看法；珍惜与人之间的互动；内向。

（2）能力优势。忠实可靠；善解人意，善于倾听与辅导，极具毅力；自制且有耐心；稳定地完成艰难工作。

（3）人际关系。希望别人主动；外表稳重可靠；维持既有的人际关系；交际圈小。

通过对张某职业人格的分析可知：稳健型的职业性格使张某适合做相对稳定且不具有冒险精神的工作，适合与人打交道，能独立承担并很好地完成一项有难度的工作。但一些不利因素也会影响到张某的职业目标的实现。所以，在清楚认识自我的基础上，要积极主动地完善自己职业性格中不利于实现职业目标的因素，为职业目标的实现时刻准备着。

（四）个人因素和外部环境因素的 SWOT 分析

1. 个人部分

（1）健康状况。身体很健康，无重大疾病，能够顺利通过服务西部计划的体检。平常喜爱运动，如爬山、游泳、打篮球等。善于学习，并能做到与休闲有机结合。生活有规律，学校寝室在晚上 10:30 熄灯，一般在晚上 11:00 睡觉，早晨 6:00 起床，每天能保证七个小时左右的睡眠时间。白天午休一个小时，保证高效率的学习。

（2）学习情况。中学的学习成绩一直很好，因而以较高分数考入某师范学院。尤其是语文，一直很优秀，为大学期间中文专业的学习打下基础。在学好大学专业课的基础上，积极培养对其他专业的学习兴趣。

（3）兴趣爱好。爱好写作，喜欢参与演讲和演话剧等文娱活动，积极锻炼自己对文字和语言的驾驭能力。爱好爬山、打篮球等体育活动，使自己拥有强健的体魄和旺盛的精力。

（4）个人提高。善于将理论知识与实际情况结合起来，在知与行统一的基础上，得出自己的结论，有一定的科研能力。通过大学生活的锻炼，提高了自学能力，能独立完成一门功课的初步学习。

（5）管理技能。有较强的团队领导能力，善于与人沟通，善于控制自己的情绪，有较好的心理素质，在策划组织大型活动中展现出了较高的组织能力。

（6）价值追求。追求自我价值的实现，有强烈的事业成就欲望。看重对社会的一份责任，注重个人内在素质的提高和生活的精神享受。

2. 学校部分

（1）专业学习。就读的是汉语言文学专业，选择这一专业是兴趣与特长的结合。学习过程是愉快的，也是很有成效的，其中现代文学曾考过全班最高分。

但是由于文学的理论性太强、较枯燥，学习效果相对较差。

（2）技能掌握。顺利通过了普通话测试，取得了一级乙等证书。计算机通过了省文管二级测试，能熟练使用 Word、Excel 等 Office 办公软件和 Fox Pro 数据库管理系统软件。英语通过了非专业四级考试，有一定的阅读和交际能力。

（3）所任职务。任华中地区十大文学社团之一的某文学社社长，出版《远方》杂志，定期请作家、教授举办文学讲座；任学校学工部教育科学生助理；任某人民广播电台兼职主持人。这些职务锻炼了工作能力和人际交往能力，提高了专业素质。

（4）所获奖项。一等奖学金、单项奖学金；"网通杯"河南大学生职业规划设计大赛"规划设计之星"荣誉称号；某师范学院教师技能大赛二等奖；某师范学院校庆 30 周年演讲比赛一等奖。

（5）学习环境。某师范学院的学习风气和考研率较高。良好的学习氛围为自我提升创造了客观条件。学校优美的环境和良好的师资及浓厚的学术氛围使张某的素质得到了潜移默化的提高。

（6）生活环境。近几年来，学校注重基础设施的建设。住宿、就餐、购物、休闲、锻炼等设施达到了国内一流水平，为自我提升提供了物质保障。

3. 家庭部分

（1）家庭经济情况。农村一般家庭，经济上可以帮张某完成学业，但不能提供更多的经济上的支持。

（2）家人健康状况。家人均身体健康，不会影响张某的职业选择和职业发展。

（3）家庭成员关系。家庭成员关系非常好，都非常支持张某职业选择。

综合以上分析，采用 SWOT 分析法得出以下结论。

由 SWOT 分析可以看出，师范类专业学生的就业形势虽然很严峻，但如果把目光投向广大基层，就业前景还是很乐观的。张某的性格特征、能力倾向和家庭情况，以及在学校所学的专业使张某选择做一名西部基层教育工作者，这是正确的选择。但是，随着越来越多的大学生投身于西部教育事业，竞争还是有的，所以为实现这一职业目标，张某要在各方面做好准备。

认识自我总结：通过以上的自我分析，根据职业人才测评结果和 SWOT 分析及家人、朋友对自己的评价，说明张某适合从事教育事业，也具有为社会做贡献的精神和自主创业的能力。

四、职业环境

（一）西部大开发

自从 2000 年我国西部大开发迈出实质性的步伐以来，短短几年，青藏铁路、西气东输等大型工程相继竣工；500 万亩退耕还林还草试点工程、高新技术产业化项目等正在如火如荼地进行。目前，西部已成为一片开发的热土。中共中央已经明确表示，会坚持实施西部大开发战略不动摇，坚持对西部大开发的支持力度不减弱。在这一历史机遇下，西部的基层教育也面临难得的发展机遇。

（二）大学生志愿服务西部计划

"大学生志愿服务西部计划"又称"西部计划"，它是由共青团中央、教育部、财政部、人力资源与社会保障部等部委于 2003 年根据国务院有关要求共同组织实施的大学生基层就业计划。西部计划从 2003 年开始，按照公开招募、自愿报名、组织选拔、集中派遣的方式，每年招募一定数量的普通高等院校应届毕业生，以志愿服务的方式到西部贫困县的乡镇从事为期 1～3 年的教育、卫生、农技、扶贫，以及基层社会管理和基层青年中心建设与管理等方面的工作。"大学生志愿服务西部计划"是中央部门组织实施的 4 大基层就业项目之一。2003 年 5 月 29 日《国务院办公厅关于做好 2003 年普通高等学校毕业生就业工作的通知》（国办发〔2003〕49 号）提出：国家支持共青团中央、教育部组织实施"大学生志愿服务西部计划"。中央财政对该计划给予适当支持。2003 年 6 月 6 日共青团中央、教育部、财政部、人事部下发《关于实施大学生志愿服务西部计划的通知》（中青联发〔2003〕26 号），决定从 2003 年开始实施大学生志愿服务西部计划。

（三）西部基层教育情况

西部基层教育面临着严峻的现实。虽然随着国家"两免一补"政策在西部的实施，很多贫困家庭的孩子得以走进教室，避免了失学的命运，但严峻教育现实的改变不可能一蹴而就，主要体现在以下几个方面。首先，学校基础设施的建设跟不上学生的需要。国家在免除了学生的学杂费之后，按照学生人数给学校一定的财政补贴，这些补贴用来弥补免收学杂费造成的财政空缺，但只能维持学校的正常运转，学校校舍、体育器材等需要较多资金的项目则很难得到改善。其次，师资力量薄弱。在如今的西部基层教育讲台上的老师，大多年龄较大，这些教师具有丰富的教学经验和可贵的奉献精神，但随着社会的发展变化、知识经济、信息时代的到来，他们的知识体系和教学方法已经落后，不利于学生的学习。而西部本土培养出来的师范类学生又由于人事制度的落后得不到很好的安排。最后，受"读书无用论"的不良影响，加之高中又不在国家免除学杂费的范围，经济困难的家庭很难负担起高中费用，这导致很多孩子在初中毕业后就外出打工，影响了西部的整体教育质量。以上这些严峻的教育现实，决定了西部还需要大批高素质的教师充实到教育第一线，也需要高质量的、能帮助西部贫困孩子的高级阶段的中学。这样的形势使西部办学的职业目标不仅具备了个人价值实现的可能，同时也具备了社会意义，使自我价值与社会需要得到了很好的结合。

（四）专业因素

据《关于做好 2005 年大学生志愿服务西部计划招募选拔工作的通知》显示，现阶段西部紧缺农业、林业、水利、师范、医学等专业的人才，学历要求为"突出本科及本科以上学历"。张某就读的某师范学院是一所以本科教学为主的有一定影响力的师范类院校，非常符合国家的相关政策要求。

张某所学的中文专业是基础性学科，虽然不是社会需要的热门专业，但多年来一直保持着稳定的就业形势。其就业行业主要是记者、编辑、教师和文秘等。可选择的行业不是太多，但近年来的需求量稳中有升。如果师范类的中文专业学生把就业目标放在基层，就非常容易就业，因为在广大中小学里，语文是一门基础学科，需要大批优秀的语文教师。

（五）社会力量办学

在西部大开发这一战略中的西部农村教育，也将取得历史性的发展。西部基层教育的发展和西部入学人数逐年增加，给虽在发展但基础尚薄弱的西部基层学校带来了一定压力，也为社会力量办学提供了空间，同时使其变得更为迫切。国家对社会力量办学也一直大力支持，尤其是 2003 年 9 月 1 日实行的《民办教育促进法》，为社会力量办学给予法律的保障，相信这方面的法律建设会越来越完善。

总之，通过对职业环境的分析可以看出，国家社会大环境对教师尤其是西部基层教师的需求量依然很大。所读学校及所学专业都能使张某找到一份教师工作。国家的教育形势为到西部办学提供了客观条件。选择教育工作，不仅是职业倾向和岗位的很好匹配，也是适应国家和社会发展的需要。

五、实施路径

（一）大四学生

这一阶段的总目标：打下扎实的专业知识基础；掌握作为一名合格教师所具备的各项技能；提高自己的人文素质，收集就业信息，了解必要的面试技巧并报名西部支教。

1. 行动策略

（1）学好专业知识。中文专业知识包括三大块：语言、文学和文艺理论。中文专业大学四年开设的主要课程为近代文学、西方文学思潮、中国文字学、中国民间文学、语文教学论等（以上为必修课），以及老舍研究、鲁迅作品专题研究、诗词曲赋比较研究等（以上为选修课）。

学习时间：保证正常上课时间，课余抽出一定的时间预习、复习，阅读与课程相关的书籍，扩大知识面。

学习方法：系统地复习前三年所学专业知识，时间截至大四上学期。大四学年要学的课程根据每门课程的性质采取不同的学习方法。文学性质的课程要把理论学习和作品阅读、背诵相结合。研究性的课程要读相关书籍，扩大知识面，掌握最前沿的研究成果。实践性的课程，如语文教学论等，要把理论学习和实践相结合，提高自己的教育实践能力。

（2）提高师范技能。师范技能主要包括普通话、三笔字、计算机等，这些在以前的大学阶段学习中已经得到了比较系统化的学习和锻炼，最后一年要做的是进一步强化，使这些技能和实践更好地结合。

2. 强化措施

（1）普通话。作为教师，普通话训练侧重于发音准确和较强的语言组织能力。考取了普通话一级乙等证书，说明发音已经达到较高水平。在今后的日子里，可以计划每天用半小时的时间读一些文章，在日常生活中坚持说普通话，保持语音的标准化。提高语言组织能力的具体措施：阅读散文大家的著作，学习其质朴、委婉而又内涵无穷的语言风格。背诵汉赋名篇，学习其铺张凌厉的语言风格。阅读鲁迅作品，学习其语言的深刻性与简洁性。

（2）三笔字。三笔字是指粉笔字、钢笔字、毛笔字。三者的内在是统一的，复习在书法课上学到的理论知识，经常练习。每天下课后，抽出 20 分钟左右的时间在教室黑板上练习粉笔字。在平时有意加强钢笔字练习，每天晚饭后抽出 20 分钟左右的时间在寝室练习毛笔字。

（3）计算机。在以前的大学学习中，学生已经熟练地掌握了计算机基础知识，通过了省文管二级考试。需要进一步提高的是教学课件的制作，主要措施是从图书馆借阅有关 Flash、课件大师等书籍，利用学校的机房自学，遇到困难向机房老师请教。

（4）提高人文素质。人文素质虽然很抽象，但对人的影响却是具体的，影响到一个人对待工作、对待生活的态度，要通过阅读中国古典文学作品和外国文学名著来提高人文素质，并要特别注意在日常生活中严格要求自己。这也是职业生涯的重要组成部分。

（5）收集信息，报名支教。中央、教育部、财政部和人社部四部委联合发起的"大学生志愿服务西部计划"在各高校得到了很好的落实，可以从西部计划网站上及时了解相关信息，并留意学校发布的相关信息。在规定的时间内进行网上报名，接受学校的选拔。学校选拔标准是思想品质好、业务素质高、奉献精神强、身体健康。具备了这些素质就能通过学校的选拔和省项目办的审核。我国现行的服务西部计划大部分为期两年，两年期满后，可以申请留在西部基层学校。

（二）基层教师

基层教师（23～35岁）阶段目标：践行素质教育，做学校的管理者。

1. 践行素质教育行动策略

素质教育的最终实现，不仅靠专家的大声疾呼，更要靠无数一线老师的躬身践行。也许一个人的践行微不足道，但无数的微不足道，却能彻底改变应试教育的面貌。实施措施有以下内容。

（1）培养自强精神和平等心态。既不自卑也不自傲，用平和的心态对待生活。

（2）注重学生知识和技能的提高。

（3）注重自身能力的提高。

2. 做学校管理者的行动策略

（1）目标实施路线：班主任—中层管理者—高层管理者。

（2）实施措施具体如下。

① 班主任阶段。刚参加工作的年轻教师大多从事班主任的管理工作，实现这一目标不是太困难。职位虽然不高，但因为是学校的基本岗位，与学生接触最多，所以是很能锻炼人的。班主任可以在班里大力提倡民主教育和爱心教育，建立一个宽松、团结的班集体。从思想上让学生意识到肩负的责任和学习的重要性，从而营造浓厚的学习氛围。在学习成绩和学生综合素质两方面做出优异成绩，争取晋升为教务方面的中层管理者。

② 中层管理者。准确来说是教务方面的中层管理者。在这一阶段，首先加强师资队伍建设，通过能者上、庸者下的竞岗政策，建立高素质的教师队伍，并且使教师的老中青结构合理；与当地师范类院校取得联系，加大教师培训力度；加强本校教师的业务交流，利用自身资源提高教师素质。其次是加强教学改革，大力推广素质教育。在学校教师内推广素质教育理念，全面改革学校的应试教育面貌。

③ 高层管理者。在这一阶段将着重考虑学校的生存和发展环境，为学校制

订长远的发展计划，加强学校与社会的沟通和交流，开门办学校，注重对社会力量办学的关注和研究。

（三）西部办学

1. 本阶段目标

创办一所体现自己教育理念的、突出公益性质的高级中学（35～60岁）。挖掘自身经营取向，为西部教育尽己之力，达到自身价值实现和社会需要很好契合的目标。

2. 目标实现保障

西部教育的需要；国家政策的支持；丰富的教学经验和学校管理经验；资金和师资的保证。

3. 行动策略

（1）资金筹措。资金来源包括：个人积累、亲友支持、国家和社会慈善机构支援捐助、银行贷款。资金方面主要以吸纳社会资金为主。社会力量办学吸纳社会资金的形式有三种：教育储备金、教育债券和股份制形式。第一种对于家长来说风险太大，已产生的种种弊端使其已没有太大的市场空间。第二种形式需要政府统一规划，作为学校个体不易操作。因此，主要采取股份制形式筹措办学资金。

（2）师资建设。师资的好坏是决定一个学校档次的决定性因素，但很多民办学校都面临着师资不稳定的困扰。因此，需要努力建立一支高素质的、稳定的教师队伍。具体措施包括：公开招聘，注重应聘者的专业素质和道德修养；与当地教育主管部门积极沟通和协商，解决教师的编制问题，让教师们享有和公办学校老师一样的待遇；提高工资待遇；实行多劳多得的制度；加大教师培训，为我校老师提供良好的发展前景；以对西部基层教育的赤诚之心留人。

（3）办学理念。建设校园文化，突出公益性质。建设特色校园，注重学校软环境建设。在保证学校正常运转的基础上，加强对贫穷孩子的经济帮助。

六、评估调整

（一）评估

（1）评估时间：每月评估一次。

（2）评估办法：自评与他评相结合。

（3）评估内容：自我能力、积累、职业兴趣的变化情况和所从事职业的环境及其发展前景。

（二）调整

上述职业目标突出地表现为外职业生涯规划，内职业生涯规划也蕴涵其中。两者实质不同，但实现方式殊途同归：都表现为个人的不断完善、个人发展和社会贡献的更好协调。职业生涯规划是一个有机、持续不断的探索过程，随着自身条件和外部环境的变化而变化，规划是在客观现实的基础上做出的合理的逻辑推理，所以具有一定的弹性。在实际操作中，把合理的科学预测与实际相结合，坚持原则性与灵活性相结合，才能使规划真正得以实现。

如果第二阶段的职业目标——基层教师实现不了，可以把就业范围扩大，主要是扩大就业地域，而不是改变职业。第三阶段的西部办学难度较大，如果到了预定职业期，主客观办学条件不成熟，可以适当延迟办学时间，但是这一目标不会改变。虽然社会在不断变化，但知识始终是推动社会前进的动力，任何时候都会受到重视，职业目标也始终具有积极意义。

结合自身的实际情况，做好职业生涯规划对于职业发展和自我实现起着十分重要的作用。规划固然美好，但真正实现它们需要在人生路上不断进取，有百折不挠的精神。思想有多远，我们就能走多远，重要的不是我们站在哪里，而是下一步走向何方。当我们站在大四，当我们回望过去，展望未来，我们要做的是借着注满知识的风，信念的风，向着遥远的彼岸扬帆远航！

（三）表格型职业生涯规划书

表格型职业生涯规划书主要包括两个部分：表头信息和规划内容栏。表头信息是规划人的基本信息介绍，规划内容栏以目标和实施要点为主，内容不是固定的，可以根据个人情况进行调整。

（四）撰写职业生涯规划书容易出现的问题与注意事项

大学生在撰写职业生涯规划书时，易出现下列问题。

1. 自我分析缺乏科学性

前文虽然介绍过 MBTI 性格类型分析，霍兰德职业倾向测验等较为公认的自我分析方法。但多数学生自我分析比较主观，表述职业兴趣和职业价值观时未结合自身专业。例如，部分学生提及会计及教师是理想职业，却未考虑会计及教师招聘有严苛的专业要求。

2. 环境分析缺乏综合考虑

在家庭环境分析时，较少提及家庭地理位置、家庭氛围、家庭人脉资源对于职业生涯规划的影响；在社会环境分析时，较多提及"待就业人数多，就业竞争力大"等"宏观环境"，过于笼统；在岗位分析时，缺乏指向性，未指出该岗位要求的学历、专业，应熟练掌握的技能，需要考取的资格证书，政治面貌，户籍要求乃至性别要求等。

3. 职业目标缺乏系统性

比如，在规划总体职业目标实施的具体路径时表述为"工程师—项目经理—总经理助理"，"工程师"是职称系列，"项目经理"未提及是怎样的项目，"总经理助理"只是助理类的初级管理员，逻辑混乱。

4. 职业生涯方案的设计缺乏严谨性

职业生涯方案的设计提倡使用 SWOT 分析法，但大多数学生对这两种方法理解得不透彻，部分学生表述不够准确。例如，在描述自己拥有的机会时，错误地表述为"我想考取四六级英语证书、商务英语证书及其他职业需求的证书"，即自己想要达到的证书类的资格条件。

5. 职业生涯的具体实施方案缺乏操作性

多数学生职业生涯的具体实施方案不够具体，缺乏实际操作性。比如，

"大一我会努力适应大学生活，大二学好专业，大三找一些公司去实习、就业"。

6. 评估调整未受到重视

"世界上唯不变的是变化"，根据实际情况对就业及职业发展进行评估并做出适宜的调整是很重要的。但从多数职业生涯规划书中可见，"评估调整"多被忽略，甚至有学生直接写明"不需要"。

第八章
职业能力提升的路径探索

本章主要介绍了职业能力的结构及职业能力的培养，从不同职业对人们不同的职业能力要求进行阐述、分析，同时还对四种核心职业能力——批判性思维、信息能力、沟通能力和领导合作能力进行了详尽解读；对如何评估自身的职业能力、如何提高自身的职业能力等问题，给出了比较具有操作性的指导方案。

第一节　了解职业能力结构

职业能力结构基于素质模型，一般分为专业能力和通用能力两大部分，其中通用能力又细化为社会能力和方法能力两种。充分了解职业能力结构，有利于全面了解职业能力需求，从而能够更好地提升自己，进行职业选择和求职活动。

一、素质模型

（一）什么是素质模型

素质模型就是个人为完成某项工作，达成某一绩效目标所应具备的不同素质要素的组合，包括内在动机、知识技能、自我形象与社会角色特征等几个方面。

（二）素质模型在职业发展中的作用

素质模型能够帮助个人进一步明确素质发展目标，为更有效地开展职业生涯发展规划指明道路，也利于促进自己对职业生涯和组织的业务发展。素质模型对个人的求职及职业发展具有重要作用。明确自己的能力结构，有利于个人对所从事的行业和职位做出合理选择；了解自己所居职位所需的素质模型，有利于个人提高改善自身的绩效水平，得到更好的职业发展。

（三）冰山素质模型

美国著名心理学家麦克利兰于 1973 年提出"冰山模型"理论，该理论把个体素质形象地描述为漂浮在洋面上的冰山，将人员个体素质的不同表现划分为表面可见的"冰山以上部分"和深藏的"冰山以下部分"。

（1）"冰山以上部分"：包括基本知识、基本技能，是外在表现。这部分是对任职者基础素质的要求，也称为基准性素质，它容易被测量和观察，也容易被模仿，往往是那些通过针对性的培训就能够获得的知识和技能。因而通过这些技能，我们并不能把表现优异者与表现平庸者区别开来。

（2）"冰山以下部分"：包括社会角色、自我形象、特质和动机，是人内在的、难以测量的部分。它们属于潜藏于水下的深层部分的素质，这部分称为鉴别性素质。它是区分绩效优异者与平庸者的关键因素；职位越高，鉴别性素质的作用比例就越大。相对于知识和技能而言，由于它很难通过后天的培训得以形成，不太容易通过外界的影响而得到改变，不容易被观察和测量，也难以被改变和评价，但它却对人员的行为与表现起着关键性的作用。

在冰山素质模型理论中，人的素质被分为六个层面。

（1）知识：指个人在某一特定领域拥有的事实型与经验型信息。

（2）技能：指结构化地运用知识完成某项具体工作的能力，即对某一特定领域所需技术与知识的掌握情况。

（3）社会角色：指一个人基于态度和价值观的行为方式与风格。

（4）自我形象：指一个人的态度、价值观和自我印象。

（5）性格特质：指个性、身体特征对环境和各种信息所表现出来的持续反应。品质与动机可以预测个人在长期无人监督下的工作状态。

（6）动机：指在一个特定领域的持续的想法和偏好（如成就、亲和、影响力等），它们将驱动、引导和决定一个人的外在行动。

二、职业能力的结构

（一）职业能力的构成

现代心理学研究认为：素质模型分为内在动机、知识技能、自我形象及社会角色特征等多个方面，具体划分状况随不同的理论模型而改变，所有划分的相同点是：素质模型中包含的行为和技能必须是可衡量、可观察和可指导的，并对员工的个人绩效及企业的成功产生关键影响。

不同的职业对其从业人员的能力要求不尽相同，销售人员侧重于沟通和表达，机械加工人员则被要求具有高超技术和动手能力。但同时，一些能力又是所有职业都必须具备的。职业能力结构就是在素质模型的基础上，结合职业特征，归纳不同职业的共同规律，总结而成的所有职业所需能力的普遍化结构模型。

专业能力是指具备从事职业活动所需要的技能及与其相应的知识，包括单项的和综合的技能与知识。它是劳动者能够胜任职业工作、赖以生存的核心本领，专业能力是基本的生存能力。对专业能力的要求是合理的知能结构，强调专业的应用性、针对性。而更高层面上的专业能力还指对新技术的理解力、职业的适应性、合理化建议、过程优化、质量意识、安全意识、经济意识、时间意识、工作岗位的卫生等，它是对具体的专业能力的进一步抽象。

通用能力则包括方法能力和社会能力两大类。

方法能力是指具备从事职业活动所需要的工作方法和学习方法，包括制定工作计划的步骤、解决实际问题的思路、独立学习新技术的方法、评估工作结果的方式等。方法能力作为一种基本发展能力，它要求科学的思维模式，更加强调方法的逻辑性、合理性。在更高层次的方法能力还包括分析与综合、全局与系统思维、整体与创新思维、决策、迁移能力、目标辨识与定位、联想与创造力，以及信息的截取、评价、传递等，批判性思维和信息能力是比较核心的方法能力。

社会能力是指具备从事职业活动所需要的行为能力，包括人际交往、公共关系、职业道德、环境意识。例如，与同龄人相处的能力、在小组工作中的合作能力、交流与协商的能力、批评与自我批评的能力，以及认真、细心、诚实、可靠的品质等。社会能力既是基本生存能力，又是基本发展能力，它要求积极的人生态度，更强调对社会的适应性、行为的规范性。进一步发展后的社会能力还指社会责任感、群体工作的协调与仲裁、宽容、心理承受力、参与意识、自信心、成功欲、积极性、主动性、灵活性、语言及文字表达能力等，沟通能力及领导与合作能力是比较核心的社会能力。

（二）不同职业的职业能力结构

不同类型职业对职业能力的构成要求也不尽相同。

1. 科研型

科研型职业属于专业性较强的工作，在职业能力之中，对专业能力的要求较高。它要求从业人员具备以创造力为核心的知识结构。除了宽厚扎实的基础知识和专业外语能力以外，同时具备较渊博的知识，达到专与博的有效结合。在通用能力中，则需要具备独立思考、勤于实践、不怕挫折的良好心理素质。

2. 管理型

管理型职业属于专业性较弱的职业，这个类型的职业比较重视的通用能力包括：贯彻国家的方针政策并能灵活运用，有高度的公众意识；具备坚实的管理专业理论和实际知识，同时具有较广博的自然知识和社会知识；具备一定的领导、组织协调和社会能力，以及中外语言文字表达能力；具有健康的身体和充沛的精力以应付千头万绪和千变万化的工作。

3. 事务型

事务型职业，是指与组织机构内部日常的制度性、规范性、信息传播等有关的事务处理的职业活动，如打字员、档案管理员、办事员、秘书、图书管理员、法院书记等。事务型职业也可被归为专业性较强的职业，但其专业能力相对于科研型而言比较容易入手。在知识层面，事务型职业侧重于基础文化知识，需要从业人员在职业技术专门的知识上有具体了解，要懂得统计、档案管理知识，熟悉专门法规和规范条例，一些涉及外国单位的职业对外语也有较高的要求。在通用能力方面，要求从业者具备较高的社交能力、语言表达能力、干练的办事能力等。

4. 工程型

工程型职业，主要是指工业、建筑业等行业。工程型职业同样属于专业性较强的职业，它要求其从业人员在牢固掌握专业知识的基础上，对相近专业的知识要比较了解，并有较好的外语水平、计算机应用能力、语言表达能力和理论应用实际的能力。结合工程型人员工作比较艰苦的特点，还要求从业人员有不辞劳苦、艰苦奋斗的创业精神和严肃认真、一丝不苟的求实工作态度。

5. 艺术型

艺术型职业，主要指作家、服装设计师、音乐家、舞蹈家、摄影家、书画雕刻家、广告设计师等文化艺术界人士。艺术型职业在知识和能力方面对从业者素质的要求是：能博采众长和广泛涉猎、敏锐的观察力、丰富的想象力、坚强的毅力、得天独厚的艺术天赋和不断的创新精神。

6. 社会型

社会型职业，包括教育人、救死扶伤、提供公共服务、协调人际关系等，为人民提供生活便利的工作，如教师、医生、律师、法官、广播电视工作者等社会公共服务人员。社会型职业的分类中包含的职业比较丰富，是一个既需要较强的专业知识，同时也要求有较高的通用能力的职业类型，具体的要求因不同职业而异。其共同点在于需具备广泛的知识面和职业要求的专业知识；还需要有一定的理解能力、社会活动能力、组织协调能力、自身形象设计能力、文字表达能力等。

三、如何培养职业能力

（一）专业能力的培养

1. 从边缘到核心

专业能力的培养方式也可以被归纳为：从边缘到核心。在当前的学校教育中，我们设置的情境往往不是真实的，学生通过操作一些仪器、试剂，得到教科书上给出的"正确"实验结果，完成一个知识点所要求的"动手实践"，但这个实践却没有嵌在科学家社群里。学生知道这是一个没有实际价值的模仿而已，也就很难发展出身份认同感，同时也没有内在动机，这就导致了很多学生在毕业离开学校之后，极少将专业知识运用到生活和工作中。因此，为进行专业能力训练的个人提供一个真实的实践环境十分关键。

2. 积累和刻意练习

（1）只在"学习区"练习

心理学家把人的知识和技能分为层层嵌套的三个圆形区域：最内一层是"舒适区"，是我们已经熟练掌握的各种技能；最外一层是"恐慌区"，是暂时无法学会的技能；二者中间则是"学习区"。只有在学习区里面练习，一个人才可能进步。有效的练习任务必须精确的在受训者的"学习区"内进行，具有高度的针对性。在很多情况下这要求必须要有一个好的老师或者教练，从旁观者的角度更能发现最需要改进的地方。

一旦已经学会了某个东西，就不应该继续在上面花时间，应该立即转入下一个难度。定期使用这种方法训练将会事半功倍。

（2）大量重复训练

从不会到会，秘诀是重复。把不常见的高难度事件重复化的办法正是高职高专学生实训课程的精髓。航海学院的模拟战，学员在仿真实验室模拟各种罕见的海中险情，以及丘吉尔对着镜子练习演讲，都是重复训练；生物或者化学专业的学生，通过大量的实验，提高自己动手实验的操作能力；数控技术、机械制造等专业的学生通过大量实际操作，提高动手能力、相应基本功和技术水平。

（3）持续获得有效的反馈

真正的高手都有很强的自学能力。对高手而言，老师和教练的最重要作用是提供即时的反馈。获得反馈的最高境界是自己给自己当教练。高手工作的时候会以一个旁观者的角度观察自己，每天都有非常明确的小目标，对自己的错误极其敏感，并不断寻求改进。

（4）精神高度集中

保持良好的注意力，是大脑进行感知、记忆、思维等认识活动的基本条件。在我们的学习过程中，注意力是打开我们心灵的门户，而且是唯一的门户。门开得越大，我们学到的东西就越多。而一旦注意力涣散了或无法集中，心灵的门户就关闭了，一切有用的知识信息都无法进入。正因为如此，法国生物学家乔治·居维叶说："天才，首先是注意力。"在专业学习中能做到精神高度集中，有利于提高学习的效率。

（二）通用能力的培养

1. 学习新信息

学习新信息是改善通用能力的核心方法。通过获取新的信息，开阔自己的视野，可以拓宽"观察框架"；通过了解新的思考逻辑，掌握更多的规则，可以更新"思考路线"；通过借鉴新的观念，形成新的习惯，可以修正自己的"价值导向"。思维能力、人际交往能力、合作能力、领导能力和信息能力，都能通过学习得到提高。查阅网络书籍是获得新信息的方法，但可能会有点碎片化，而传统书籍中的知识系统性会好很多。

2. 自我反思

反思即对自己固有的想法和曾经做出的行为和选择进行思考，从中总结经验教训，这是改善通用能力的重要方法。通过反思，我们得以发现自己内心世界深处隐藏的成见、假设、逻辑和规则，借此可以对其有效性加以检视。反思是批判性思维所需的必要品质之一，反思也可以让我们以开放的心灵接纳不同的意见。

3. 尝试新环境

提升个人通用能力的另一个有效方法，就是尝试进入一个新的环境。旧的行为模式、思维模式都是建立在旧的环境基础之上的，换一个环境有利于打破僵化的思想，得到新的体悟，这能为树立批判性思维创立一个外部条件。人们需要有意识地创造条件，让自己有在各种环境下工作、生活或旅行的经历，体会各种自然和人文景观、文化、风土人情、生活方式，获得新的知识。

4. 直面困境

不回避、隐藏问题，而是积极地面对问题、困难与挑战，主动分析原因，是个人学习、提升的重要契机。困境中的自己往往能发现自己的不足之处，此时做有针对性的提高往往比平时的努力更有效。就像本章前面提到的，只有离开舒适区，才会有更快的成长，直面困境，是成长的很好的机会。

5. 情景规划

情景规划法指开发一系列新的情景，在某种假设的背景下思考具体问题。这种方式有利于练习者以新的视角或方式观察这个世界。从某种意义上讲，情景规划法的特别之处就在于它能提高练习者全局统筹规划的能力。

6. 深度会谈

相对于个人学习，与他人的交流，更可能让自己"豁然开朗"，正如人们常讲的"听君一席话，胜读十年书。""深度会谈"是指深入、高层次、高质量地沟通、倾听与共享，其目的不是探究真相，而是在沟通交流的过程中深度发掘自己的思想，同时接受一些不同于自己的观点。深入会谈有利于摒弃自己的成见，悉心倾听，并通过深入的理性思考，对我们认为理所当然的一些经验、工作程序、方法或假设提出质疑，借以发现隐藏在事物背后的真正规律。

选择一个自己感兴趣的职业，根据本节的知识点——职业能力构成，分析该职业具体需要哪些职业能力，给自己在这些能力方面的表现做出客观的评分，并制定一个能够提高自身职业能力的计划。

第二节　时间管理

有效的自我管理可以帮助我们在有限的时间里开拓人生的无限可能，提升我们的生命质量。因此，学会自我管理的方法，并且在实际生活中加以应用是迈向成功的必由之路。

一、时间去哪儿了

"一寸光阴一寸金，寸金难买寸光阴。"时间对于每个人来说都是非常宝贵的，然而，时间管理意识不足，或不会把握时间是大多数人的共同感受。

且听听几位"过来人"的话："上大学之初感觉好极了！我认识好多人，参加各种社团，没有期中考试，平时作业少……可是接下来，我发现所有的事情都堆在一起，难以完成！""我宿舍的一个哥们儿整天闭门不出，他几乎把所有的时间都花在 QQ 聊天和网络游戏上。""上大学之后，我似乎变成了一只懒虫。再也不用老师天天跟着，再也不用天天生活在父母的唠叨中了，我也不知道该做什么、该什么时候做，于是我真的什么也没做，包括学习。"

目前，很多大学生存在严重的时间浪费倾向，主要表现在显性和隐性两个方面。

（一）显性浪费时间

如漫无边际的上网、逛街、聊天、发呆等，这种时间利用几乎不创造任何价值，究其原因有以下三点。

1. 缺乏时间观念

一些大学生认为上大学就是为了混文凭；一些大学生认为凭父母的权力和地位，即使不学习，毕业后也能找到一份很好的工作。所以他们就上网、聊天，浪费时间。

2. 缺乏计划性

一些大学生没有时间管理意识，每天就按照事情发生的先后顺序来做，没有明确的职业发展目标，过一天算一天，没有长远的打算。

3. 缺少主动意识

一些大学生不会合理分配时间，问题来了就解决问题，完全是被动地等待，而不是主动地、积极地面对生活。

（二）隐性浪费时间

如上课神游、看书、听音乐、上课做其他课程的作业等，似乎正在专心从事手头的事情，实际上并非如此，这有时甚至比什么都不干还要糟糕。人的认知是有限的，在重要的事情上一心二用是一种敷衍行为，它很可能会让重要知识点在不经意间悄悄溜走，而自己并不知道。

二、认识时间管理

（一）时间的特点

时间看不见、摸不着，是物质运动的顺序性和持续性。法国思想家伏尔泰曾编了一个谜语："世界上哪样东西是最长的又是最短的？是最快的又是最慢的？是最能分割的又是最广大的？是最不受重视的又是最受惋惜的？没有它，什么事都做不成；它使一切渺小的东西归于消灭，使一切伟大的东西生命不绝。"谜底就是"时间"。

时间的主要特点如下。

（1）不可回溯。时光的隧道是单向的，只有前进，没有后退。昨天过完是今天，接着是明天，逝去的永远不会再回头。

（2）绝对公平。时间对任何人来说都是公平的，每个人的一天都是 24 小时。它不能买、不能卖、不能租也不能借，不论是富翁还是乞丐，都不能改变这个事实。

（3）供给毫无弹性。时间的供给量是固定不变的。在任何情况下不会增加，也不会减少，每天都是 24 小时，所以我们无法开源。

（4）无法蓄积。时间不像人力、财力、物力和技术那样能被积蓄储藏。不论愿不愿意，我们都必须消费时间，所以我们无法节流。

（5）无法暂停。对于时间，我们无法像操纵机器那样操纵它，决定何时"开"，何时"关"，没有人可以阻挡它的前进。它更不会像火车到站那样，为了让旅客上下车，可以暂停。时间就像自由落体，没有暂停，只有"终止"。对于时间，我们毫无选择的余地，只能被迫以每天 24 小时固定的速率消耗它，时间一过，一切都将成为往事。

（6）无法取代：任何一项活动都有赖于时间的堆砌，这就是说，时间是任何活动所不可缺少的基本资源。因此，时间是无法取代的。

（7）无法失而复得。时间无法像丢物体一样可以失而复得，它一旦流逝，就永远丧失。花费了金钱，尚可赚回，但若挥霍了时间，任何人都无法挽回。

（二）时间管理的发展

时间管理的发展经历了四个阶段，人们从认识到时间管理的重要性，到开始进行时间管理，期间也经历了管理方式和管理重点的转移，这是一个逐渐优化的过程。

1. 第一代时间管理

第一代时间管理是一种"备忘录"型时间管理。其特点是用一个详细的备忘录或便条列出任务清单，做一件，勾掉一件，然后按照任务一件一件地做完，以此种方式进行时间的分配和使用管理。如果一天结束时完成了大部分任务，就可以在备忘录上划掉；否则就要增列到明天的备忘录上。时间的增加是指当时间不够用，而工作任务比较多的时候，就加班加点，延长工作时间。

其优点是：每做一件事情就做一个记录，可以知道自己做了哪些工作；有备忘录，便于防止挂一漏万；顺应事实发展，没有压力或压力比较小。

缺点是：没有主动的计划，丝毫没有"优先"的概念；只是简单地对其感觉到明显需要做的事情做出反应，个人的活动被各种各样的事件控制，不是人控制事件而是事件控制人。

2. 第二代时间管理

第二代时间管理是一种"未雨绸缪"型时间管理，强调"规划与准备"，即在所有要做的工作任务开始之前，把清单列出来，在每一项任务之前定一个时间的期限。其特点是制定时间表，记录应该做的事情，标明应该完成任务的期限，注明开会的日期等。例如，早晨 8 点至 9 点做什么，9 点至 10 点做什么，下午 1 点至 2 点做什么，每一项任务都有开始和结束的时间，在这个时间段中完成规定的某项任务。

其优点是：对任务有了更多控制，而不是随波逐流；事先有计划，按照计划办事；具有追求效率的意识，效率能明显提高。

其缺点是：依然没有解决对事情轻重缓急的划分问题；虽有计划，但计划没有目的性；对于为什么工作及工作的价值，并没有衡量过；虽然效率高，但效益不明显。

3. 第三代时间管理

第三代时间管理是一种"明确目标"型时间管理，主旨是"规划、制定优先顺序，操之在我"。其特点是明确自我的价值观及个人的人生目标，再按照价值观和人生目标确定做哪些事情是重要的，哪些事情是不重要的。

当工作任务越来越多，多到在规定的时间里面没有办法彻底做完的时候，就要求对时间管理的内容进行一定的更改。一方面对工作任务要做一些取舍，另一方面对工作任务要排优先顺序。比如，先做哪一件，后做哪一件；重点做哪一件，非重点做哪一件；主要做哪些，次要做哪些；做哪些，不做哪些等。描述这个取舍和优先顺序的办法可以通过象限法进行。

其优点的是：依据个人目标，设定事情的轻重缓急；强调将有限的时间、精力加以分配，争取最高的效率目标。

其缺点是：并未以平衡的方式管理各种角色，有时缺乏现实性，过于死板拘束，从而导致产生失望和挫折感。

4. 第四代时间管理

第四代时间管理是一种"自我管理"型时间管理。强调既要有一个人生规划，又要使个人的人生规划和整个社会的发展，以及自己的社会公德心融为一体，相辅相成。

其优点是：主张人比事更重要，强调应进行个人管理，取得生活、事业、健康、家庭等重要人生层面的平衡；以原则为中心，结合对自己独特使命的认识，兼顾重要性和急迫性；将重心放在不紧迫却极重要的事情上；能变通，即能随个人需要、环境改变而调整，而不是"朽木"一块。

其缺点是：每人的时间管理与个人认知、经验等密切相关，管理的最佳度不易把握。

虽然时间管理经历了四代演变，但后一代时间管理并不是对前一代时间管理的否定，而是进一步完善和发展。从时间管理的演变过程可以看出，时间本身不能被管理，能被管理的是个人和个人的选择，时间管理其实就是自我管理。时间管理的关键在于如何选择、支配、调整、驾驭在单位时间内所做的事情。或者说，时间管理的核心是如何分配时间，在每一分每一秒完成最有生产力的事情，在更短的时间达成更多目标。

三、高效管理时间

（一）时间管理的前提

时间管理只是一种方法和手段，这个方法和手段能不能被运用，要取决于行为当事人对时间的态度及心理建设水平。

1. 珍惜时间

时间如空气一样，每个人都可以免费得到。然而，没有花费成本的东西，人们往往不知道珍惜。

一寸光阴一寸金，寸金难买寸光阴。时间也是一种资源，如果任其白白浪费，也就损失了用于干其他事情而得到的收益。因此，我们要将时间看成是一种资源，改变对时间的态度。

2. 做好心理建设

做好心理建设是时间管理的第二个前提。心理建设包括要有时间管理的愿望，愿望是进行时间管理的关键；明确价值，确定长期、中期、短期目标，价值和目标是时间管理的最高宪法；要有行动力，让时间管理能够切实执行；要有自控能力，时间管理的过程其实就是自我管理的过程。

（二）时间管理的法则

1. 取舍法则

每个人的时间和精力是有限的，不可能做到面面俱到、有求必应。因此，取舍法则是高效时间管理的第一个法则。要在明确价值观和人生目标的基础上，知道哪些事情是不能舍弃的，哪些事情是必须舍弃的。俗话说："舍得，舍得，有舍才有得。"

2. 帕累托法则

如何取舍？这就需要我们遵循第二法则——帕累托法则，即我们通常所说的二八法则。该法则是由 19 世纪意大利经济学家帕累托提出的，其核心理念是生活中 80%的结果几乎源于 20%的关键事情，所以要把注意力放在 20%的关键事情上。

案例：威廉·努尔用帕累托法则成功销售油漆

威廉·努尔是一个企业家，最初他在公司销售油漆的时候，第一个月他只赚了 160 美金。他仔细分析了自己的销售额最低的原因，做了一个销售图表。他发现 80%的收益来自 20%的顾客，但他却对所有的客户花了同样的时间。于是，他把最不活跃的 36 个客户重新分配给其他的销售员，而自己把精力重点放在那 20%的顾客那儿。不久，他一个月就赚到了 1 000 美元。威廉·努尔从未放弃这个原则，后来他成为这一家公司的董事局主席。因为他知道 80/20 法则，即 20%的顾客掌握了 80%的业绩。

3. 主次法则

即使是那最重要的 20%以内的事情，也有主次之分。聪明人不会眉毛胡子一把抓，而是将焦点集中在主要矛盾上，等到解决了主要矛盾之后，才逐步解决相对次要的矛盾。

案例：生命中的鹅卵石

一堂时间管理课上，教授在桌上放了一个装水的帽子，然后又从栗子下面拿出一块大小正好可以放进罐子的鹅卵石。当教授把鹅卵石放入罐子之后，问他的学生："大家看看，这罐子是不是满的？""是！"所有的学生异口同声地回答。"真的吗？"教授笑着问，然后他又从桌底下拿出一袋碎石子，把碎石子从帽口倒下去，摇一摇，再加一些，于是又问学生："你们说，这罐子现在是不是满的？"这次学生不敢答得太快。最后，班上有个学生怯生生地答道："也许没有满。""很好！"教授说完后，又从桌下拿出一袋沙子，然后把沙子慢慢倒进罐子，倒完后问学生，"现在你们告诉我，这个罐子是满还是没满？""没有满。"全班同学这下学乖了，大家都很有信心地回答。"好极了！"教授再一次称赞这些"孺子可教"的学生。称赞之后，教授从桌子底下拿出一大瓶水，把水倒在看起来已经被鹅卵石、小碎石、沙子填满了的罐子。当这些事都做完后，教授再次问他的学生："我们从上面些事情学到了什么？"班上一阵沉默，然后一位自以为聪明的学生回答说："无论我们的工作多忙，行程排得多满，如果逼一下的话，还是可以多做些事的。"这位学生回答完后很得意，心想："这门课到底是时间管理课啊！"教授听到这样的回答后，点点头，微笑道："答案不错，但这并不是我要告诉你们的重要信息。"说到这里，这位教授故意顿住，看了看全班学生说："我想告诉各位最重要的信息是，如果你不先将大的鹅卵石放进罐子，你也许以后永远没机会把它们再放进去了。"

（三）时间管理的方法

1. 做计划

做事情必须要有计划，与其紧张地做事，被事情推动，不如自己推动事情，轻松地前进。只要在时间上做好安排，就能做到这一点。花一点时间做计划，可以在做事过程中，节省更多的时间。伟大的数学家华罗庚先生写的《统筹方法》是一种非常好的方法论，在日常生活和工作中非常有用。

尽管有许多人都能意识到做计划的重要性，但仍有些人不愿意做计划，原因包括以下四点。

（1）认为"船到桥头自然直"，没有必要在行动之前做过多的计划。在多变的环境下，很多时候是船到桥头不一定会直。

（2）认为计划不如变化快，既然计划赶不上变化，还不如顺其自然。正是因为世界变化太快，才需要未雨绸缪。

（3）计划与结果总是有差距，而对计划丧失信心。事先预想与结果有出入是很正常的。美国一项研究发现，计划时间长的一组在执行时间和工作成果上都优于计划时间短的一组。

（4）不知道如何做计划。

2. 区分轻重缓急

美国的著名管理学家史蒂芬·柯维提出了时间管理四象限法则，即按照重要性和紧急程度将事情分为四类：重要紧急、重要不紧急、不重要紧急、不重要不紧急。

根据帕累托法则，我们对四类事情采取不同的优先处理顺序。

（1）重要且紧急的事（如救火、抢险等），必须立刻做。

（2）紧急但不重要的事（如有人打球因缺少队员而紧急约你或突然打电话请你吃饭等），只有在优先考虑了重要且紧急的事情后，再来考虑这类事。

（3）重要但不紧急的事（如学习、做计划、与人谈心、体检等），只要是没有前一类事的压力，应该当成紧急的事去做，而不是拖延。

（4）既不紧急也不重要的事（如娱乐、消遣、打游戏等），有闲工夫再说。

3. 善用零碎时间

生活中有许多零碎的时间好像不太重要，干不了什么事情。其实，这些时间虽短，但却可以充分利用起来做一些事情。比如，等车的时间可以用来思考下一步的工作，或者翻翻报纸甚至记几个单词；运动时，可回想遇到困难的事或亟待解决的事等。

善用零碎时间，把那些小块时间充分利用起来，并坚持下来，就能收获不一样的结果。美国已故总统肯尼迪不管什么时候，口袋里总是放着一本袖珍书，一旦有了空闲，哪怕只有五分钟也都随手拿出来读。富士银行董事长红林茂夫，白天忙于银行业务、出席各种会议、批阅大堆公文，难得找出空闲，他却利用每晚泡浴池的时间来学习。

4. 学会说"不"

学会说"不"是避免干扰、保持焦点的一个重要方法。通过对那些不重要且不紧急的事情说"不",而将注意力集中在关键任务上。

但是说"不"对很多人来说,可能是一件不好意思的事情。在人际交往中,只要是以一颗真诚之心,加上合理的表达,他人是可以接受"不"的。

5. 学会搁置

搁置不等于放弃。由于受到心理定式或者条件不成熟等因素的影响,有些重要事情暂时无法解决。此时,千万不要太固执,可以把问题记下来,等条件成熟了再去解决它们。这就像踢足球,左路打不开,就试试右路。总之,不要钻牛角尖,否则,不仅解决不了问题,还会影响心情。

(四)时间管理工具

1. 时间花费稽核表

(1)各象限的时间百分比大致是多少?

(2)在哪一象限的事务投入了最多的时间和精力?

(3)当花费大量时间和精力在第一象限事务中时,自己在身体、心理、效果上发生了什么?

(4)当自己不从事第一象限的事务时,把时间花在哪一个象限上了?

2. 时间日志分析

时间日志分析是一种通过简单记录某一时间段的时间应用情况,来分析时间利用的整体情况的方式。通过时间日志分析,可以发现行为当事人之前完全没有意识到的问题和行为。

3. 任务清单

把你在相关时间(周、天等)内所要完成的任务列在一张活动清单上,然后根据任务的重要性和价值的相对大小依次排序(必须做、应该做、可以做),最后对三类任务进行规划、处理。

第三节　压力管理

小李是一名大二的学生，进入新学年以来，他明显感到专业学习任务加重了，英语和计算机考级也日益临近；同时，他还通过竞选担任了学生会干部，需要组织和策划一些学生活动。这段时间，小李每天的时间都排得满满的，但总感觉忙不过来，顾了一头就丢了另一头。他开始经常出现焦虑、紧张的情绪，晚上容易失眠，白天精神不好，整天感到很疲惫。为此，他感觉很受挫，甚至开始怀疑自己的能力。像小李这样的情况就是过度压力造成的。

一、认识压力

相对高中，大学是一个轻松自在的地方。在这里，没有老师会逼着我们学习，平时的作业也不多，有足够的时间去做自己想做的事情。但是，随着现代社会的竞争日益激烈，大学也成了一个充满压力的地方，无论是学习还是在社团工作，都能体会到压力的存在。

（一）压力的产生过程

压力就是我们想要处理某件事情，但又不能确定怎么处理；或者面对的事情太多时感到难以应对，由此产生一种焦虑、紧张的状态。压力是一个复杂的身心过程，包括压力源、认知评估和焦虑反应三个方面。

1. 压力源

任何情境或刺激如果对人们具有潜在的威胁或危害，这种情境或刺激就成为压力源。例如，与同学发生矛盾、家里发生重大变故、面临考试等。

2. 认知评估

当我们认为上述刺激或情境对自己确实产生威胁时，就会产生压力。但假如我们认为这一刺激或情境对自己是一种解脱或乐趣而不是威胁时，那么就不会形成压力，这一过程被称为认知评估。例如，如果把考试看成是一件关系自己前途的事情，那么面临考试时就可能会紧张、焦虑，产生相当大的考试压力；

但如果把考试看成是对自己实际能力的评估，认为考试是对自己以前学习结果的检查，是促进自己更加努力学习的动力，那么考试就不会给自己带来太大的压力。

3. 焦虑反应

所谓焦虑反应，是指个体意识到自己生理的健康、身体的安全、心理的平静、事业的成败或自尊的维护，甚至是自己所关心的人等正处于危险的状况或受到威胁时所做的反应。

（二）压力的主要来源

压力从何而来？研究表明，压力来自于压力源，几乎任何生活的改变都有可能成为我们的压力源。这些压力源可能存在于自身，也可能存在于环境中。一般来说，自身的压力源包括身体的疼痛、生病、罪恶感、不良的自我认识和评价等；环境的压力源一般包括周围噪声、家庭重大变故、文化氛围和社会制度的变革等。心理学家通过研究，把产生压力的各种生活事件分为四种类型，即四种类型的压力源。

1. 躯体性压力源

躯体性压力源是指通过对躯体直接产生刺激作用而造成身心紧张状态的刺激物，包括物理的、化学的、生物的刺激物。躯体性压力源主要表现为身高、长相及各种生理上的疾病等。

2. 心理性压力源

心理性压力源是指来自头脑中的紧张性信息，如心理冲突、挫折、不切实际的理想、敏感、过分猜疑，以及与学习或工作责任有关的压力等。心理性压力源的一个特点就是它直接来源于个体的认识和想法。生活中的压力事件随处可见，但是为什么有的人无动于衷，而有的人却耿耿于怀呢？原因就在于每个人对压力的认知不同。假如我们过分夸大压力的威胁，就会造成一种自我验证预言，如"我会失败""我应付不了"等；假如我们认为压力不会对自己造成什么威胁，那么就不会产生紧张感。

3. 社会性压力源

社会性压力源主要是指引发人们生活方式变化并要求我们对这种变化做出调整和适应的情境或事件。社会性压力源的范围小到个人生活中的变化，大到社会生活中的重要事件。人们常说："天有不测风云，人有旦夕祸福。"生活有时会因某些事件的发生而产生一些变化，而这些变化会给我们带来压力。如亲人的离去、学习环境的变化、就业等。同时，社会生活中的重要事件也会给我们带来压力，如洪水、地震等自然灾害及经济危机等。有些大学生进入大学之后，面对新的教学方式和学习方式时，感到不适应，压力很大，这种改变就是一种社会性压力源。

4. 文化性压力源

文化性压力源主要表现为从一种语言环境或文化背景进入到另一种语言环境或文化背景中，由于面临全新的生活环境、陌生的风俗习惯、不同的生活方式而产生的压力。此时，如果我们不主动改变原来的习惯以适应新的变化，就会出现不良的心理反应，甚至积郁成疾。当我们初到外地上大学或者出国留学时，如果缺乏应有的心理准备，就有可能难以适应新的环境，从而产生压力感，情绪低落。

（三）审视压力

谈到压力，不少人马上就会想到压力给自己带来的负面影响。其实，压力是一把双刃剑，类似于电压。适当的电压可以使电脑正常运转、使电灯发光、使电视开启；而过低的电压则无法驱动这些设备运行，过高的电压则会烧毁电脑的中央处理器、烧断灯丝、损毁显示器。压力也是如此，适度的压力可以增强人们的动机，促使高效地完成任务。当遇到问题时，如果能正确对待，将压力看成是促使自己前进的一种动力，那么压力就有利于个体的发展。

压力与绩效之间的关系为倒 U 型曲线。适度的压力是维持正常心理功能和生理功能的必要条件，有助于我们应对自己的学习和生活。如果缺乏压力，人会感到厌烦、无聊，难以保持工作和学习的效率，生活失去目标和动力。但是，压力水平太高不仅会导致绩效水平下降，还会对身心造成不良影响，危及健康。

二、有效管理压力

压力管理的目的在于将压力维持在一个适度的水平。在一次课上，老师拿起一杯水，然后问台下的听众："各位认为这杯水有多重？"有人说是半斤，有人说是一斤。老师继续说到："这杯水的重量并不重要，重要的是你能拿多久？拿一分钟，谁都能够；拿一个小时，可能觉得手酸；拿一天，可能就得进医院了。"其实，这杯水的重量是一样的，你拿得越久，就越觉得沉重。这就像我们承担的压力一样，如果一直把压力放在身上，时间越长，就觉得压力越来越沉重，以致无法承担。我们必须做的是放下这水，休息一下再拿起来，如此才能拿得更久。那么，如何适时地放下这杯水呢？

（一）提高压力承受力

在生活中，人们不可避免地会遇到各种压力，但不同的人面对同样的情境时，感受到的压力是不同的，也就是每个人对压力的承受力不一样。导致这种差异的因素有很多，了解之后便能更有针对性地提高自身的压力承受能力。

1. 经验

在面对同一事件或情境时，个体经验上的差异会影响到压力感。例如，一帆风顺的人一旦遇到挫折就可能会惊慌失措，不知道如何去应对；而经历过许多挫折的人，在面对同样的打击时就不会显得束手无策。所以，积累经验是提高压力承受力的重要一步。

2. 准备状态

对即将面临的压力事件是否有心理准备也会影响压力的感受。心理学家曾对两组接受手术的患者做实验，对其中一组在手术前向他们讲明了手术的过程及后果，使患者对手术有了心理准备，能将手术带来的痛苦视为正常现象并坦然接受；而对另一组不做特别介绍，患者对手术一无所知，表现出过分担忧手术后的痛苦，对手术是否成功持怀疑态度。结果，手术后有准备的比没准备的患者使用的止痛药更少，而且平均提前三天出院。由此可见，提前充分准备可以有效降低压力感。

3. 认知评估

认知评估在增加压力感或缓解压力感中起着重要的作用。同样的情境使有些人惶恐不安，而另一些人则泰然处之，原因在于不同的人对同样的压力情境的认知不同。

通常，个体在面对压力时，在没有任何实际的压力反应之前会先辨认压力和评价压力。假如个体把压力的威胁性评估得过大，对自己应付压力的能力评估得过低，那么产生的压力感就会增大；相反，如果把压力的威胁性评估得很低，对自己应付压力的能力评估得很高，那么产生的压力感就会较小。正如古希腊哲学家艾皮克迪特斯所说："人类不是被问题本身所困扰，而是被他们对问题的看法所困扰。"

一般来说，对压力的认知评估包括两个阶段：第一阶段是初步评估压力的严重性；第二阶段是评估处理压力的可能性。如果评估压力很大，又没有相应的应对策略，就会产生一种持续性的紧张、焦虑。

4. 性格

心理学研究表明，不同性格特征的人对压力的感受是不同的。《红楼梦》中薛宝钗因为自信和入世，所以对自己的状态和行为皆感满意，能够表现得有毅力、能干、易于合作，且比较乐意去解决问题；而林黛玉成天自怜自伤，她没有贴心依靠的人，绝顶聪明和满腹才华害了她，形成了她多思多虑、多愁善感的个性，最终抑郁成疾。所以，完善自身的性格有助于提高个体压力承受力。

5. 环境

压力来源与个体所处的小环境有着直接的联系。小环境主要包括工作单位、学校及家庭等。如果长期生活在一个充满矛盾、冲突的环境中，内心的压力感自然会变得很大，长此以往应对压力的能力就会下降，如果再遇到其他压力事件就很容易被击垮。所以，及时解决小环境中出现的问题，提高环境的舒适感是十分重要的。

（二）采用健康的压力应对方式

当面对压力时，应采用一些方法和技巧去应对，以减轻压力带给自身的心理负担。一般来说，应对压力的策略有两类：处理困扰与减轻不适感。处理困扰是指直接改变压力来源；减轻不适感是指不直接解决问题，而是通过调节自己来消除不良反应。无论是直接面对压力，还是自我调节，都有许多方法可以采用。但是，有些方法的效果只是暂时的，有些方法则有助于成长，也有些方法可能会造成其他不良影响。所以，人们应该掌握合理的方法来应对压力。

1. 调整心态

缓解压力不仅需要营造一个宽松的环境，更需要保持积极的心态。调整的方法如下。

（1）记住好事，忘记坏事。一个人的心情不是取决于遇上好事，还是遇上坏事，而是取决于个人是记住好事，还是记住坏事。

（2）积极的自我暗示。我们要多对自己说一些："我行！我能胜任！我很坚强！我不惧怕压力！我喜欢挑战！"少对自己说一些："我不行！我太差了！我受不了了！我要崩溃了。"积极的自我暗示可以影响一个人的心态，进而影响其行为及结果。

（3）善用合理化机制。把得不到的东西说成是不好的（酸葡萄效应）；把自己得到的东西看成是完美的、符合自己意愿的（甜柠檬效应），由此来减轻内心的失望，这是合理化机制的本质。这种行为虽然不乏自欺欺人的色彩，但作为一种心理防御机制适当地运用，对恢复心理平衡是很有帮助的。

（4）保持良好的心境。积极、愉快的心境对一个人的身心健康、工作学习的顺利进行、事业的成功大有帮助，同时也利于个人正确看待压力、缓解压力，化压力为动力。所以，要特别注意适时调整自己的心境，使自己处于一个良好的情绪状态，不要因为自身心境的原因而徒增压力。

2. 心理预演

在面对压力源时，先问自己一个问题："可能发生的最坏情况是什么？"然后，给自己积极的心理暗示："最坏就这样，没什么了不起的。"尝试让自己在心理上去接受最坏的可能。同时，列出能帮助自己的人，在心里感受他们对你的支持和理解。

3. 幽默化

学习和工作是严肃的，但严肃不意味着刻板、死气沉沉。在学习和工作中，恰当的幽默可以起到化解冲突、活跃气氛、振奋精神、缓解压力的作用。

4. 学会放弃

生活中，大部分人心里都在想如何更多地"拥有"，如面子、金钱、地位、权力、知识、经验、能力、学历等。结果想拥有得越多，心理包袱就越大、越重。其实，我们可以放弃一些，拥有得太多，不也很累吗？放弃是面对生活的清醒选择，学会放弃才能卸下人生的种种包袱，轻装上阵，度过风风雨雨；懂得放弃，才能拥有成熟，才会活得更加充实、坦然和轻松。

5. 学会休闲

休闲是指在非工作时间内以各种"玩"的方式求得身心的调节与放松，以达到生命保健、体能恢复、身心愉悦的目的的一种业余生活。不过，休闲并不是通过简单意义上的"玩"来打发时间。学会休闲，选择科学、合理的休闲方式，可以起到有效促进能量的储蓄和释放的作用，包括对智能、体能的调节，以及生理、心理机能的锻炼。

找出一件自己一直因害怕和担心而没有去做的事情，试着做出一份适合自己的应对方法清单。拿出清单与好友或小组成员讨论，分享各自应对压力的方法。

第四节　人际关系管理

以下是同学们的一些困惑。

（1）最近也不知道怎么了，可能是我不太注意自己的说话方式，我感到大家都爱用讽刺的口吻和我说话。

（2）我每天很早起床，很晚才回宿舍。我不愿意待在自己的宿舍，感觉大家都在排挤我，心里很苦闷。

（3）我很想有良好的人际关系，但感觉自己的人际交往能力不够强，圈子也不够广，但又没有什么特长可以引起大家的注意，在社团里也不知道怎么和其他人有效地建立联系。

（4）我感到很寂寞，感觉自己是一个不受欢迎的人，别人都不喜欢和我交往，于是我只能整天泡在网络上。

相对于中学的人际关系，大学的人际关系显得比较复杂。这主要是因为大学生来自全国各地，思想观念、价值标准、生活方式、生活习惯等各方面都存在明显的差异，在遇到实际问题的时候往往容易发生冲突。另外，在大学里学习不再是唯一的目标，大学生行为目标多元化，也是导致人际关系复杂的一个原因。健康和谐的人际关系是维护大学生身心健康的重要途径，也是大学生成长成才的重要保证。

一、把握成功交往原则

（一）主动交往

良好的人际关系是通过高质量的交往建立起来的。许多大学生之所以缺乏成功的交往，是因为个人在人际交往中总是采取消极的、被动的、退缩的方式，总是期待友谊从天而降。根据人际交往的交互性原则，别人是没有理由无缘无故对自己感兴趣的。如果想与别人建立良好的人际关系，就必须主动交往。

（二）平等交往

每个人都有自己独立的人格、做人的尊严和法律上的权力与义务，人与人之间是平等的关系。大学生往往个性很强，互不服输，这种精神是值得提倡的，但要正确地评估自己，不能因为自己的优点而盛气凌人，也不能因为自身的弱点而盲目自卑，要尊重他人的自尊心和感情，不能"另眼相看"。

（三）尊重他人

尊重能够获得他人的信任，缩短交往的距离。大学生年轻气盛，经常喜欢争论，但是争论的结果，往往都以面红耳赤和不愉快告终。解决观点冲突的最好途径是谈论和协商，而不是争论。因此，彼此相处应当互相尊重，求同存异，宽容地对待同学才是增进友谊之道。

（四）真诚待人

真诚是人与人之间沟通的桥梁。只有以诚相待，才能使交往双方建立信任感，并结成深厚的友谊，坚持真诚的原则，必须做到热情关心，真心帮助他人而不求回报，对朋友的不足和缺陷能诚恳批评。对人、对事实事求是，对不同的观点能直陈己见而不是口是心非，既不当面奉承人也不在背后诽谤人，做到真诚待人。

（五）跳出"自我中心"

"己所不欲，勿施于人"，要学会站在别人的立场上，设身处地为别人着想，用别人的眼睛来看这个世界，用别人的心来理解这个世界。当一个人开始把注意力集中到别人身上时，建立良好人际关系的可能性就会大大增加。

（六）坚持互助互利

坚持互助互利原则，就要破除极端个人主义，与人为善，乐于帮助别人。同时，又要善于向别人求助。别人在帮助自己克服了困难，他也会感到快乐，这也可以进一步加强双方的情感交流。

（七）讲究信用

信用是成功的伙伴。信用原则要求大学生在人际交往中要说真话，要做到有约按时到、借物按时还；不乱猜疑，不轻易许诺；做到"言必信，行必果。"

（八）宽容大度

人际交往中往往会产生误解和矛盾，这就要求大学生在交往中不要斤斤计较，要谦让大度，宽容克制并不是软弱、怯懦的表现。相反，它是有度量的表现，是建立良好人际关系的润滑剂，能"化干戈为玉帛"，赢得更多的朋友。

二、掌握人际交往的艺术

"良言一句三冬暖，恶语伤人六月寒。"这两句话告诉人们交往时要注意运用人际交往的艺术。人际交往的艺术很多，一般要注意称呼得体、礼貌大方、有效倾听、真诚赞美、避免争论、善意批评等。要在学习与生活的过程中做个有心人，不断提高自己的交往能力。人际交往艺术运用得好，就能优化人际交往；相反，如果不注意人际交往艺术，往往在无意间出口伤人，就会产生矛盾。

三、正视异性友谊与爱情

异性交往的前提是动机要纯洁。异性交往不同于恋爱交往，但包括恋爱交往，因此，在异性交往中要摆正爱情的位置，正确处理友谊与爱情的关系。爱情与异性友谊在性质、感情强烈的程度、交往的范围、承担的任务等方面都不相同。爱情讲究专一、稳定；异性友谊则讲究广泛、平和。当然，异性友谊也可能会发展成为爱情，但两者在本质上是不同的。因此，大学生既不要因不谈恋爱而回避异性交往，也不应仅为爱情接触异性。

大学生要认真严肃地对待爱情。爱情不仅是男女双方情感的交流，也是与自愿承担相应的义务紧密相连的。大学生对待爱情必须严肃认真，要做到爱情与义务、爱情与责任的统一。那种打着"恋爱自由"的旗号轻浮放荡、朝三暮四的行为是有违恋爱道德和社会规范的，也是对自己不负责任的。

爱情是发自内心的一种渴求，它的本质是催发人性向善的一面。大学生恋爱不应成为影响自己学习、成长、与同学正常交往的障碍。首先，要正确处理恋爱与学习的关系，把主要精力放在学业上。其次，要正确处理恋爱与同学交往的关系，不要牺牲与同学的正常交往，影响自己社会化过程的完整性。最后，要正确处理恋爱与个人发展的关系，尽可能压缩恋爱时间，以确保能抓住各种机会锻炼和发展自己。

第五节　大学学业规划

一、正确认识大学的学习

进入大学，变化了的是周围环境，不变的是学生身份，大学生的主要任务还是学习，但与中学学习相比，大学的学习任务、学习内容、学习方法等方面发生了较大变化。大学生要根据社会需要、社会发展趋势和个人的兴趣特长及所学专业等正确认识大学的学习，及时确定自己的学业规划，然后根据制定的规划及早准备，付诸行动。

（一）学习任务不同

中小学的学习任务主要是学习各种科学文化的基础知识，为进一步的升学或就业做准备。大学生的学业是指以学习为主的一切活动，是广义的学习阶段。它不仅包括科学文化知识的学习，还包括思想、政治、道德、业务、组织管理能力、科研及创新能力等方面的学习。大学里所学知识是由必修课、选修课组成，循序渐进，一环扣一环，前面任何一环没有学好都将会影响到后面课程的进行，具有很强的实践性和针对性。

（二）学习内容不同

大学的学习是一种专业性很强的学习过程，但这些课程都紧紧围绕着一个中心，就是为培养专门人才服务。大学三年需要学习的课程 30 余门，每一个学期学习的课程都不相同，内容多，学习任务远比中学重得多。此外，大学还根据培养专门人才的需求，开设大量的选修课、专题讲座、实验、实习及社会调查等许多反映现代科学技术发展的新知识和新内容的课程。大学生要积极参加学校里的文化活动，应多与学长、学姐和同学交流。

（三）学习方式和方法不同

中学时期，只要跟着老师的教学走就可以了，一切听从老师指挥，老师教学生是"手拉手"在教；而大学则是"老师在前，学生在后"引着走，老师在课堂上大多只讲重点，学生要养成良好的学习习惯，做到提前预习，通过预习，发现课程重点和难点，了解课程的内在联系，做到心中有数，掌握听课的主动权。这些都充分体现出学习的主动性、积极性和自觉性，提倡生动活泼的学习，提倡勤于思考，大学学习要不断探索和总结，以找到适合自己的有效的学习方法。

（四）学习目标不同

大学阶段的学习与就业挂钩，主要实行学分制，该学什么，如何安排学习时间，可根据个人特点有所侧重。大学的学习方式对学生的自主意识要求很强。因此，大学生要转变学习方法，了解所学专业的行业动态和就业前景，积极规划学业与职业目标，并努力去实现。

二、学业规划的意义

学习是学生永恒的主题，也是大学生生活的主旋律。人生也许很长，但只有大学这几年是可以让人充分、自由学习的时期，错过了就再也难找了。参加工作后，要么有心情没时间，要么有时间没心情。因此，不可因为学的东西暂时没有发挥作用，或者自己不喜欢这个专业，而不去学习。对于大学生来说，只有及早规划自己的学业，明确自己的学业目标，才有可能在将来激烈的竞争中把握住机会，获得成功。

（一）学业规划是大学生职业生涯规划的重要组成部分

从职业发展方向来看，大学生已经是"人在旅途"了。学业规划的根本目的是为了最大程度地提高人生的职业和发展效率，可见学业与就业之间存在密切的关系。大学生在学业上要努力培养自己的专业兴趣，将自己的学业、将来的职业和未来的事业联系起来。在学习期间要自觉地学好专业知识，培养专业技能，以期在将来的从业竞争中立于不败之地；同时，想要就好业就必须在完成学业的过程中逐渐形成强烈的事业心、广博精深的专业知识、较强的沟通协调能力、良好的心理素质和强健的体魄等。

（二）学业规划有助于大学生增强学习的主动性与积极性

学业规划有助于大学生认清自己在学业上的发展方向，合理地调节日常学习，能够认识到自己所做的每一点都是实现未来目标的一部分，而不是到快毕业了，才开始想自己到底学什么。学业规划使心中的理想更加具体化，更容易实现，对学业的顺利完成做到心中有数，热情高涨。学习意识也会在实现的过程中慢慢转变，会从"要我学"变为"我要学"，由被动变为主动，不断增强学习的主动性与积极性。

（三）学业规划有助于大学生自我约束与管理

大学生在时间的安排上有较大的自由度，如果没有学业规划，时间就会被荒废掉，生活漫不经心、心态消极怠慢，很容易进入跟学业无关的琐事中，虚度大学美好光阴、浪费青春。而学业规划能让大学生重视现在、把握现在，集中时间、精力和资源搞好学业，努力提高学习效率，进而提高自我约束与管理能力。

（四）学业规划有助于大学生发觉与完善自我

一份有效的学业规划，包括自身条件和现实问题两方面。它能够引导大学生认识自我的个性特征、现有的和某些潜在的资源优势，帮助重新认识自身的价值并使其持续增值，有助于大学生学会如何应用科学有效的方法，采取切实可行的步骤来一步一步完成自己的学业。好的学业规划提供了完成学业的清晰脉络，使大学生对学业的实现有了信心与勇气，进而达到自我完善。

（五）学业规划有助于大学生自我定位，尽早确立人生目标

学业规划的前提是认识自我，只有认识自我才能明确学业方向，而不会盲目化。认识自我是对自我深层次的解剖，了解自己的能力，明确自己的优势和劣势，并根据过去的经验、经历，选择未来可能的工作方向。认识自我是一个自我定位、规划人生的过程，目的是要解决"我想干什么"和"我能干什么"的问题，从而尽早确立人生目标。

三、学业规划的步骤

在大学期间，努力学习，顺利完成学业是大学生的首要目标。大学生应该

为几年后的就业做好知识、能力、素质等全方位的准备，珍惜大学时光，较好地为未来的就业、创业开山铺路。因此，大学生应根据自身情况，结合现有条件和制约因素，按照一定的步骤为自己确立整个大学期间的学业目标，并为学业目标而确定行动方向、行动时间和行动方案。

（一）学业规划的选定

兴趣是理想产生的基础，兴趣与成功概率有着明显的正相关性。首先，要选择自己喜欢的专业方向和研究领域进行钻研和学习。其次，分析自己的能力、长处，确定自己能干什么。因为任何一种职业都要求从业者掌握一定的技能，具备一定的条件，所以，结合自己的兴趣爱好，在认定自己想干什么的基础上确定已经具备的能力和应该培养的能力。再次，分析未来，确定社会要求干什么。着眼将来、预测趋势，立足于社会不断发展变化的需求。避免盲目跟风，最热门的并非是最好的，选择社会需要又最适合发挥自身优势的专业方向和研究领域才是最好的。要把自己的兴趣爱好、能力特长同社会需要结合起来，把想干什么、能干什么、社会要求干什么有机地结合起来。这些方面的结合点与链接处，正是我们学业规划的关键所在。

（二）要强化学业规划

当学业规划选定以后，很多大学生或者束之高阁或者立即行动，结果导致有学业规划却不能实施或实施后不能持久，最终无法实现既定的学业规划。这些现象的出现是因为大学生在制定学业规划时缺少一个重要环节，即对学业规划的强化。强化学业规划就是规划执行者在执行之前充分运用想象，详细地罗列出达成学业规划的好处，从而培养积极的心态，进而增强动力、产生更大的执行力，确保学业规划顺利完成。

（三）学业规划的分解

要认真学习本专业的人才培养方案，熟知本专业公共课程、专业课程、专业基础课、选修课的设置情况，了解本专业培养目标、培养计划和应获得的相关证书、毕业证书的必要条件，做到有的放矢；要仔细阅读专业教学计划进展，了解课程开课时间、学分要求，量力而行地做好选课工作。学业总目标制定出以后，要能自上而下的分解，即制订学习计划。以专科三年为例，可以按照以下的思路进行：三年的总学习目标、每年的学习目标、每学期的学习目标、每个月的学习目标、每周的学习目标、每日的学习目标。这样可以使得学业规划落实到学习生活的每一天，确保学业规划的严格执行。

（四）学业规划的评估与反馈

在实施过程中，要及时对环境和条件以及自己的执行情况做出评估。由于现实生活中种种不确定因素的存在，学业规划的设计必须具有一定的弹性。因此，评估结果出来以后要进行反馈，以便自己及时反省和修正学业目标，变更实施措施与计划。此外，应做到定期地进行每年、每学期、每月、每日的检查评估与反馈，进而分析原因与障碍，找出改进的方法与措施。

（五）应用激励与惩罚措施

激励措施能将人的潜能和积极性激发出来，惩罚措施可以防止惰性的产生。结束阶段目标后，对自己采取奖励或惩罚措施，完成后怎样奖励自己，完不成将怎样惩罚自己。学生可以将自己的学业规划告诉老师、家长，让他们来监督自己，也可以联系自己的同学，在某个与自己相同的短期规划方面，两人进行比拼，这些都可以激发自己的兴趣爱好。

参考文献

[1] 廖利华. 《生涯发展与职业生涯规划》课程实验研究 [J]. 韶关学院学报（社会科学），2006，27（8）：162-165.

[2] 张蓉. 大学教师职业生涯规划研究 [D]. 太原：山西大学，2007.

[3] 李强. 运动员职业生涯规划的发展研究 [J]. 体育与科学，2010，31（1）：88-92.

[4] 孙延. 高职院校辅导员职业生涯规划与职业发展的对策研究 [J]. 价值工程，2011，30（21）：281-282.

[5] 何明霞，王冠. 大学英语教师职业生涯规划与专业素质发展实证研究 [J]. 湖北经济学院学报（人文社会科学版），2009，6（10）：70-73.

[6] 詹发尚. 大学生职业生涯规划的研究 [D]. 曲阜：曲阜师范大学，2023.

[7] 王群，刘耀，陈泽裕. 职业生涯发展阶段的研究现状与评析 [J]. 商场现代化，2006（3）：245.

[8] 胡艳，张迎. 大学生职业生涯规划与发展教育的现状及对策研究 [J]. 江西科技师范大学学报，2014（1）：95-98.

[9] 罗青. 高校女性教师职业生涯规划和发展研究 [D]. 天津：天津大学，2006.

[10] 王庆港，姜锈玮，孙建浩，等. 大学生职业生涯规划与发展需求研究 [J]. 中外企业家，2018（33）：164-165.

[11] 陶剑飞. 高校辅导员职业生涯规划与职业化发展研究 [J]. 云南社会主义学院学报，2013（5）：2.

［12］ 张帅. 地方高职院校大学生职业生涯规划与发展研究［J］. 城市情报，2023（2）：58-60.

［13］ 李艳敏. 地方应用型高校教师职业生涯规划与发展研究［J］. 大众文艺：学术版，2022（22）：3.

［14］ 岳军平. "岗课赛证"模式下的大学生职业发展研究——评《大学生职业生涯规划与发展》［J］. 中国高校科技，2022（6）：101.

［15］ 罗伯特·里尔登，珍妮特·伦兹，加里·彼得森，等. 职业生涯发展与规划［M］. 北京：中国人民大学出版社，2016.

［16］ 郑祖波. 职业生涯规划研究［D］. 厦门：厦门大学，2004.

［17］ 王映一. 高职院校旅游管理专业职业生涯规划教育研究［J］. 经济与社会发展研究，2020（19）：1.

［18］ 匡晓华. 关于《高职生职业生涯与发展规划》微课应用的研究［J］. 科技资讯，2019，17（16）：161.

［19］ 邢立娜，彭晋. 对加强 MBA 研究生职业生涯规划与发展问题的研究［J］. 出国与就业（就业版），2010（7）：33-34.

［20］ 童天. 职业生涯规划与发展［M］. 北京：知识出版社，2006.

［21］ 董金光. 员工职业生涯规划与企业发展的研究［J］. 现代经济信息，2013（12）：69.

［22］ 钟谷兰，杨开. 大学生职业生涯发展与规划［M］. 上海：华东师范大学出版社，2008.

［23］ 侯志菲. 辅导员职业生涯规划与发展路径研究——以北京理工大学珠海学院为例［J］. 教育科学（全文版），2016（3）：305-307.

［24］ 黄新郁. 基于职业生涯规划与发展的中职社团活动调查与研究［J］. 2018（18）：258.

［25］ 李竹宇. 认知自我与规划人生：大学生职业生涯规划与就业创业发展研究［M］. 北京：北京燕山出版社，2022.

［26］ 叶丽心. 新时代高职院校教师职业生涯规划与发展研究［J］. 青岛职业技术学院学报，2020，33（4）：22-25.

［27］ 李凌. 高校"80 后"辅导员职业生涯规划与发展研究［D］. 昆明：云南师范大学，2023.

［28］ 郑志民，谢伟. 大学生职业生涯规划与发展整合模式研究［J］. 长春工业大学学报（高教研究版），2011，32（2）：96-97+121.